U0449093

十地经论

中国佛学经典宝藏

68

魏常海 释译

星云大师总监修

人民东方出版传媒
东方出版社

《中国佛学经典宝藏》
大陆简体字版编审委员会

主任委员：赖永海

委　　员：（以姓氏笔画为序）

　　　　　王月清　王邦维　王志远　王雷泉

　　　　　业露华　许剑秋　吴根友　陈永革

　　　　　徐小跃　龚　隽　彭明哲　葛兆光

　　　　　董　群　程恭让　鲁彼德　温金玉

　　　　　潘少平　潘桂明　魏道儒

总序

> 自读首楞严,从此不尝人间糟糠味;
> 认识华严经,方知已是佛法富贵人。

诚然,佛教三藏十二部经有如暗夜之灯炬、苦海之宝筏,为人生带来光明与幸福,古德这首诗偈可说一语道尽行者阅藏慕道、顶戴感恩的心情!可惜佛教经典因为卷帙浩瀚、古文艰涩,常使忙碌的现代人有义理远隔、望而生畏之憾,因此多少年来,我一直想编纂一套白话佛典,以使法雨均沾,普利十方。

一九九一年,这个心愿总算有了眉目。是年,佛光山在中国大陆广州市召开"白话佛经编纂会议",将该套丛书定名为《中国佛教经典宝藏》①。后来几经集思广

---

① 编者注:《中国佛教经典宝藏》丛书,大陆出版时改为《中国佛学经典宝藏》丛书。

益,大家决定其所呈现的风格应该具备下列四项要点:

一、启发思想:全套《中国佛教经典宝藏》共计百余册,依大乘、小乘、禅、净、密等性质编号排序,所选经典均具三点特色:

1. 历史意义的深远性
2. 中国文化的影响性
3. 人间佛教的理念性

二、通顺易懂:每册书均设有原典、注释、译文等单元,其中文句铺排力求流畅通顺,遣词用字力求深入浅出,期使读者能一目了然,契入妙谛。

三、文简意赅:以专章解析每部经的全貌,并且搜罗重要的章句,介绍该经的精神所在,俾使读者对每部经义都能透彻了解,并且免于以偏概全之谬误。

四、雅俗共赏:《中国佛教经典宝藏》虽是白话佛典,但亦兼具通俗文艺与学术价值,以达到雅俗共赏、三根普被的效果,所以每册书均以题解、源流、解说等章节,阐述经文的时代背景、影响价值及在佛教历史和思想演变上的地位角色。

兹值佛光山开山三十周年,诸方贤圣齐来庆祝,历经五载、集二百余人心血结晶的百余册《中国佛教经典宝藏》也于此时隆重推出,可谓意义非凡,论其成就,则有四点可与大家共同分享:

一、**佛教史上的开创之举**：民国以来的白话佛经翻译虽然很多，但都是法师或居士个人的开示讲稿或零星的研究心得，由于缺乏整体性的计划，读者也不易窥探佛法之堂奥。有鉴于此，《中国佛教经典宝藏》丛书突破窠臼，将古来经律论中之重要著作，做有系统的整理，为佛典翻译史写下新页！

二、**杰出学者的集体创作**：《中国佛教经典宝藏》丛书结合中国大陆北京、南京各地名校的百位教授、学者通力撰稿，其中博士学位者占百分之八十，其他均拥有硕士学位，在当今出版界各种读物中难得一见。

三、**两岸佛学的交流互动**：《中国佛教经典宝藏》撰述大部分由大陆饱学能文之教授负责，并搜录台湾教界大德和居士们的论著，借此衔接两岸佛学，使有互动的因缘。编审部分则由台湾和大陆学有专精之学者从事，不仅对中国大陆研究佛学风气具有带动启发之作用，对于台海两岸佛学交流更是帮助良多。

四、**白话佛典的精华集萃**：《中国佛教经典宝藏》将佛典里具有思想性、启发性、教育性、人间性的章节做重点式的集萃整理，有别于坊间一般"照本翻译"的白话佛典，使读者能充分享受"深入经藏，智慧如海"的法喜。

今《中国佛教经典宝藏》付梓在即，吾欣然为之作序,并借此感谢慈惠、依空等人百忙之中,指导编修;吉广舆等人奔走两岸,穿针引线;以及王志远、赖永海等大陆教授的辛勤撰述;刘国香、陈慧剑等台湾学者的周详审核;满济、永应等"宝藏小组"人员的汇编印行。他们的同心协力,使得这项伟大的事业得以不负众望,功竟圆成!

《中国佛教经典宝藏》虽说是大家精心擘划、全力以赴的巨作,但经义深邃,实难尽备;法海浩瀚,亦恐有遗珠之憾;加以时代之动乱,文化之激荡,学者教授于契合佛心,或有差距之处。凡此失漏必然甚多,星云谨以愚诚,祈求诸方大德不吝指正,是所至祷。

一九九六年五月十六日于佛光山

原版序
敲门处处有人应

慈惠

《中国佛教经典宝藏》是佛光山继《佛光大藏经》之后，推展人间佛教的百册丛书，以将传统《大藏经》精华化、白话化、现代化为宗旨，力求佛经宝藏再现今世，以通俗亲切的面貌，温渥现代人的心灵。

佛光山开山三十年以来，家师星云上人致力推展人间佛教，不遗余力，各种文化、教育事业蓬勃创办，全世界弘法度化之道场应机兴建，蔚为中国现代佛教之新气象。这一套白话精华大藏经，亦是大师弘教传法的深心悲愿之一。从开始构想、擘划到广州会议落实，无不出自大师高瞻远瞩之眼光，从逐年组稿到编辑出版，幸赖大师无限关注支持，乃有这一套现代白话之大藏经问世。

这是一套多层次、多角度、全方位反映传统佛教文化的丛书，取其精华，舍其艰涩，希望既能将《大藏经》

深睿的奥义妙法再现今世，也能为现代人提供学佛求法的方便舟筏。我们祈望《中国佛教经典宝藏》具有四种功用：

一、是传统佛典的精华书

中国佛教典籍汗牛充栋，一套《大藏经》就有九千余卷，穷年皓首都研读不完，无从赈济现代人的枯槁心灵。《宝藏》希望是一滴浓缩的法水，既不失《大藏经》的法味，又能有稍浸即润的方便，所以选择了取精用弘的摘引方式，以舍弃庞杂的枝节。由于执笔学者各有不同的取舍角度，其间难免有所缺失，谨请十方仁者鉴谅。

二、是深入浅出的工具书

现代人离古愈远，愈缺乏解读古籍的能力，往往视《大藏经》为艰涩难懂之天书，明知其中有汪洋浩瀚之生命智慧，亦只能望洋兴叹，欲渡无舟。《宝藏》希望是一艘现代化的舟筏，以通俗浅显的白话文字，提供读者遨游佛法义海的工具。应邀执笔的学者虽然多具佛学素养，但大陆对白话写作之领会角度不同，表达方式与台湾有相当差距，造成编写过程中对深厚佛学素养与流畅白话语言不易兼顾的困扰，两全为难。

三、是学佛入门的指引书

佛教经典有八万四千法门，门门可以深入，门门是无限宽广的证悟途径，可惜缺乏大众化的入门导览，不易寻觅捷径。《宝藏》希望是一支指引方向的路标，协助十方大众深入经藏，从先贤的智慧中汲取养分，成就无上的人生福泽。

四、是解深入密的参考书

佛陀遗教不仅是亚洲人民的精神归依，也是世界众生的心灵宝藏。可惜经文古奥，缺乏现代化传播，一旦庞大经藏沦为学术研究之训诂工具，佛教如何能扎根于民间？如何普济僧俗两众？我们希望《宝藏》是百粒芥子，稍稍显现一些须弥山的法相，使读者由浅入深，略窥三昧法要。各书对经藏之解读诠释角度或有不足，我们开拓白话经藏的心意却是虔诚的，若能引领读者进一步深研三藏教理，则是我们的衷心微愿。

大陆版序一

《中国佛教经典宝藏》是一套对主要佛教经典进行精选、注译、经义阐释、源流梳理、学术价值分析,并把它们翻译成现代白话文的大型佛学丛书,成书于二十世纪九十年代,由台湾佛光文化事业有限公司出版,星云大师担任总监修,由大陆的杜继文、方立天以及台湾的星云大师、圣严法师等两岸百余位知名学者、法师共同编撰完成。十几年来,这套丛书在两岸的学术界和佛教界产生了巨大的影响,对研究、弘扬作为中国传统文化重要组成部分的佛教文化,推动两岸的文化学术交流发挥了十分重要的作用。

《中国佛学经典宝藏》则是《中国佛教经典宝藏》的简体字修订版。之所以要出版这套丛书,主要基于以下的考虑:

首先,佛教有三藏十二部经、八万四千法门,典籍浩瀚，博大精深，即便是专业研究者，穷其一生之精力，恐也难阅尽所有经典，因此之故，有"精选"之举。

其次，佛教源于印度，汉传佛教的经论多译自梵语；加之，代有译人，版本众多，或随音，或意译，同一经文，往往表述各异。究竟哪一种版本更契合读者根机？哪一个注疏对读者理解经论大意更有助益？编撰者除了标明所依据版本外，对各部经论之版本和注疏源流也进行了系统的梳理。

再次，佛典名相繁复，义理艰深，即便识得其文其字，文字背后的义理，诚非一望便知。为此，注译者特地对诸多冷僻文字和艰涩名相，进行了力所能及的注解和阐析，并把所选经文全部翻译成现代汉语。希望这些注译，能成为修习者得月之手指、渡河之舟楫。

最后，研习经论，旨在借教悟宗、识义得意。为了将其思想义理和现当代价值揭示出来，编撰者对各部经论的篇章品目、思想脉络、义理蕴涵、学术价值等所做的发掘和剖析，真可谓殚精竭虑、苦心孤诣！当然，佛理幽深，欲入其堂奥、得其真义，诚非易事！我们不敢奢求对于各部经论的解读都能鞭辟入里，字字珠玑，但希望能对读者的理解经义有所启迪！

习近平主席最近指出："佛教产生于古代印度，但传入中国后，经过长期演化，佛教同中国儒家文化和道家文化融合发展，最终形成了具有中国特色的佛教文化，给中国人的宗教信仰、哲学观念、文学艺术、礼仪习俗等留下了深刻影响。"如何去研究、传承和弘扬优秀佛教文化，是摆在我们面前的一个重要课题，人民东方出版传媒有限公司拟对繁体字版的《中国佛教经典宝藏》进行修订，并出版简体字版的《中国佛学经典宝藏》，随喜赞叹，寥寄数语，以叙因缘，是为序。

二〇一六年春于南京大学

大陆版序二

依空

　　身材高大、肤色白皙、擅长军事的亚利安人，在公元前四千五百多年从中亚攻入西北印度，把当地土著征服之后，为了彻底统治这里的人民，建立了牢不可破的种姓制度，创造了无数的神祇，主要有创造神梵天、破坏神湿婆、保护神毗婆奴。人们的祸福由梵天决定，为了取悦梵天大神，需要透过婆罗门来沟通，因为他们是从梵天的口舌之中生出，懂得梵天的语言——繁复深奥的梵文，婆罗门阶级是宗教祭祀师，负责教育，更掌控了神与人之间往来的话语权。四种姓中最重要的是刹帝利，举凡国家的政治、经济、军事、文化等等都由他们实际操作，属贵族阶级，由梵天的胸部生出。吠舍则是士农工商的平民百姓，由梵天的膝盖以上生出。首陀罗则是被踩在梵天脚下的土著。前三者可以轮回，纵然几世轮转都无法脱离原来种姓，称为再生族；首陀罗则连轮回的因缘都没有，为不生族，生生世世为首陀罗，子孙也倒霉跟着宿命，无法改变身份。相对于此，贱民比首陀罗更为卑微、低贱，连四种姓都无法跻身其中，只能从事挑粪、焚化尸体等最卑贱、龌龊的工作。

出身于高贵种姓释迦族的悉达多太子，为了打破种姓制度的桎梏，舍弃既有的优越族姓，主张一切众生皆平等，成正等觉，创立了佛教僧团。为了贯彻佛教的平等思想，佛陀不仅先度首陀罗身份的优婆离出家，后度释迦族的七王子，先入山门为师兄，树立僧团伦理制度。佛陀更严禁弟子们用贵族的语言——梵文宣讲佛法，而以人民容易理解的地方口语来演说法义，这就是巴利文经典的滥觞。佛陀认为真理不应该是属于少数贵族、知识分子的专利或装饰，而应该更贴近普罗大众，属于平民百姓共有共知。原来佛陀早就在推动佛法的普遍化、大众化、白话化的伟大工作。

佛教从西汉哀帝末年传入中国，历经东汉、魏晋南北朝、隋唐的漫长艰巨的译经过程，加上历代各宗派祖师的著作，积累了庞博浩瀚的汉传佛教典籍。这些经论义理深奥隐晦，加以书写的语言文字为千年以前的古汉文，增加现代人阅读的困难，只能望着汗牛充栋的三藏十二部扼腕慨叹，裹足不前。

如何让大众轻松深入佛法大海，直探佛陀本怀？佛光山开山宗长星云大师乃发起编纂《中国佛教经典宝藏》。一九九一年，先在大陆广州召开"白话佛经编纂会议"，订定一百本的经论种类、编写体例、字数等事项，礼聘中国社科院的王志远教授、南京大学的赖永海教授分别为中国大陆北方与南方的总联络人，邀请大陆各大学的佛教学者撰文，后来增加台湾部分的三十二本，是为一百三十二册的《中国佛教经典宝藏精选白话版》，于一九九七年，作为佛光山开山三十周年的献礼，隆重出版。

六七年间我个人参与最初的筹划，多次奔波往来于大陆与台湾，小心谨慎带回作者原稿，印刷出版、营销推广。看到它成为佛教徒家中的传家宝藏，有心了解佛学的莘莘学子的入门指南书，为星云大师监修此部宝藏的愿心深感赞叹，既上契佛陀"佛法不舍一众"的慈悲本怀，更下启人间佛教"普世益人"的平等精神。尤其可喜者，欣闻现大陆出版方东方出版社潘少平总裁、彭明哲副总编亲自担纲筹划，组织资深编辑精校精勘；更有旅美企业家鲁彼德先生事业有成之际，秉"十方来，十方去，共成十方事"之襟怀，促成简体字版《中国佛学经典宝藏》的刊行。今付梓在即，是为序，以表随喜祝贺之忱！

二○一六年元月

目 录

题 解 001

经 典 015

    1 卷一——初地欢喜地之一 017

    2 卷二——初地欢喜地之二 034

    3 卷三——初地欢喜地之三 077

    4 卷八——六地现前地 115

    4 卷十二——十地法云地 159

源 流 199

解 说 223

目录

目　录 001

题　解 001

经　典 015

1　卷一——初地欢喜地之一 017

2　卷二——初地欢喜地之二 034

3　卷三——初地欢喜地之三 077

4　卷八——六地现前地　115

5　卷十二——十地法云地　159

源　流 199

解　说 223

题解

《十地经论》略称《十地论》，共十二卷，是注释《十地经》（《华严经·十地品》之别译本）的著作。印度世亲菩萨（又作天亲，四、五世纪人，古印度瑜伽行派创始人之一）所作，北魏菩提流支、勒那摩提等译为汉文。

　　菩提流支，又作菩提留支，意译为道希，北天竺人，北魏僧，是大乘瑜伽系学者，遍通三藏，妙入总持。北魏宣武帝永平元年（公元五〇八年）到洛阳，敕住永宁寺，从而开始翻译梵经。所译经典，除《十地经论》外，还有《金刚般若经》《入楞伽经》《深密解脱经》《法华经论》《无量寿经论》等，共达三十九部一百二十七卷之多。勒那摩提，意译为宝意，中天竺人，北魏译经僧。北魏宣武帝正始五年（公元五〇八年)抵洛阳,奉敕与菩提流支共译世亲之《十地经论》。其译作还有《妙法莲华经论优波提舍》一卷、《究竟一乘宝性论》四卷等。

关于《十地经论》的翻译,该书卷首之序文作了说明,其中说,永平元年,魏宣武帝敕命菩提流支与勒那摩提,及传译沙门、北天竺佛陀扇多,并义学缁儒十余人,在太极紫庭翻译此书。当时魏帝亲纡玄藻,飞翰轮首,臣僚僧徒毗赞下风,至永平四年完成。此序文是北魏侍中崔光所作,崔光亲自参与了《十地经论》的翻译工作,所以其序文中所述,应当是可信的。

但是,流支与摩提对世亲之论的理解可能有歧见,所以各有传授,从而形成地论宗相州(今河南安阳)南道与相州北道两派(详见本书《源流》)。这样,便产生了另一种说法,以为此《十地论》先是流支与摩提各作翻译,然后才合在一起;或是流支、摩提、扇多三人分译,后人将三种译本合为一部而传世。此类说法载于《历代三宝记》卷九及《续高僧传》卷一、卷七、卷二十一等处,是否符合事实,不得不存疑。

自晋宋至隋,《十地经论》的影响颇为广泛。当时中国的大乘学者都注重通经,《十地经》就是讲论最多的经典之一,而世亲此论,自然被视为通解《十地经》之最有权威的著作,因而人们很注意研究和宣传。世亲之论不仅对经文作了详细解释，而且对经中的内容也有许多重大发挥，它上承般若之学，下开瑜伽之宗，在佛教发展史上占有不可忽视的地位。

论中述及八识、无明、三身、三聚净戒、因分果分、总别同异等六相，特别是多次提到未见经文之阿梨耶识，用以解释经中讲到的十二缘起、三界"只是一心所作"等论点，这些都成为中国佛教六朝时代地论宗的重要理论依据。《十地经论》既是地论宗所依之正典，又是后来华严宗得以成立之基石，且对唯识等宗亦有影响，对中国佛教极有贡献。

世亲之论释，依《十地经》原来顺序，从初地至十地，每地皆是分段引经文，分段解释其义。几乎对全经（即《华严经·十地品》）每段都有详细阐释，只是省略了经中的重颂以及地与地之间结前起后的偈颂，另外，经之第九地最末一段无解释。

论中对每地经文内容都作了概括说明。

初欢喜地分为序分、三昧分、加分、起分、本分、请分、说分、较量胜分等八个部分，序分包括讲此经之时、处及集会之众菩萨名称等，三昧分说金刚藏菩萨入三昧，加分说诸佛加于金刚藏菩萨威神，起分说金刚藏菩萨出离三昧，本分略说十地，请分是菩萨众恳请金刚藏说经，说分是正说十地，较量胜分是说菩萨住初地中胜声闻、辟支佛。

第二离垢地依出世间道因清净戒而说二种清净，此二种清净即发起净与自体净，发起净说十种直心，自体净说离戒净（十善业道）、摄善法戒净和利益众生戒净。

第三明地分为起厌行分、厌行分、厌分、厌果分四分，起厌行分说十种深念心，厌行分包括修行护烦恼行、修行护小乘行、修行方便摄行，厌分是四禅、四空、三摩跋提（正定现前），厌果分即四无量等净深心。

第四焰地分为清净对治修行增长因分、清净分、对治修行增长分、对治修行增长果分，清净对治修行增长因分解说十法明入，清净分指十种法智，对治修行增长分指修行菩提分法及助菩提分法，其果分指断灭众生我慢、解法慢。

第五难胜地分为胜慢对治、不住道行胜、不住道行果胜三部分，胜慢对治指十平等深净心，不住道行胜说善知四谛及十谛、利益众生勤方便，其果胜包括修行功德、教化众生、随顺世间智等。

第六现前地如第五地一样分为胜慢对治、不住道行胜、不住道行果胜三部分，只是三分都比五地更加转胜，是以十平等法对治取染净分别慢。

第七远行地分为乐无作行对治差别、彼障对治差别、双行差别、前上地胜差别、彼果差别等五种相差别,乐无作行对治差别是以方便智发起十种殊胜行,彼障对治差别指修行无量种及修行无功用行二种相,双行差别即奢摩他毗婆舍那(止观)双行无间、无量智中殊异义庄严相现前专念、念念具足十波罗蜜大义、依大乘行波罗蜜、依教化众生行四摄法、依烦恼障增上净、依智障清净,前上地胜差别指方便行具足、得入智慧神通行、功用行满足,双行果差别即得身口意三业清净、得殊胜三昧、超过声闻辟支佛地、念念中能入寂灭定而不证寂灭定、发起殊胜行。

第八不动地有总明方便作集地分、得净忍分、得胜行分、净佛国土分、得自在分、大胜分、释名分等七种相差别,总明方便作集地即是总明前七地之同相及别相,得净忍即是得无生法忍、清净自然无功用行,得胜行是得难入深行、同行深行、境界深行、修行深行、不退深行、离障深行、对治现前深行等七种深行,净佛国土说器世间自在行、众生世间自在行、智正觉世间自在行等三种自在行,得自在即是于三种自在行中得十自在,大胜分说智大、业大、功德大三种大,释名分包括地释名与智者释名。

第九善慧地分为法师方便成就、智成就、入行成就、说成就四个方面,解说教化众生成就一切之相。法师方便成就是依他利益而得自利益;智成就是依染净不二法而说法；入行成就是随顺其智慧而能如实知众生诸种心行、烦恼行、业行、根行、信行、性行、深心行、使行、生行、习气行，如实知众生三聚差别；说成就即是如实知众生差别相，随其解脱而与因缘，如实知化众生法，如实知度众生法、说声闻乘法、说辟支佛法、说菩萨乘法，如实知说如来地法，如实为众生说法令得解脱。

第十法云地说修行而令智觉圆满，更胜于九地，论中说此地有八分差别，即方便作满足地分、得三昧满足分、得受位分、入大尽分、地释名分、神通力无上有上分、地影像分、地利益分，方便作满足地分说善择智业，得三昧满足分说离垢三昧等共眷属现前，得受位分说成就具足诸相，入大尽分说智大、解脱大、三昧大、陀罗尼大、神通大等五种大，地释名分解说第十地名称，神通力无上有上分说此地菩萨胜过众生之神通力，地影像分以池、山、海、珠喻说诸地四方面功德，地利益分说信功德与供养功德。

我们从其中节选了《初欢喜地》《第六现前地》《第十法云地》的大部分内容。之所以要节选此三地，是出于以下两方面的考虑：其一，相对于其他诸地而言，此三地较能通贯全书，从中可以看出《十地经论》的内容梗概；其二，此三地中的世亲之论，在解释经文过程中多有重要发挥，并且世亲的发挥与中国佛教的发展有密切联系。

就第一方面的意义来说，初地是诸地之基础，也是经论的重点，在全十二卷中占了三卷。初地中的本分，经文述说菩萨修行十地之愿善决定，同时略举十地之名；世亲之论则归纳出六种善决定，标举十地所相应对治的十种障蔽，又对十地诸名称之由来一一作了解释。这些内容显然不只是限于初地，而是涉及诸地，通贯全书。

初地中的说分，经论正说菩萨住于初地，须厚集九种善根，为得九种佛智、因九种大悲而生无上菩提心，此心生后，便超越凡夫境地，发起念佛、念佛法等九种念心，生成转离一切世间境界等九种转离心，因而成就九种欢喜，远离五种畏怖，并日夜修集善根无厌足，从而求一切智地。这里虽然是说初地，但其中的九种佛智、九种大悲、九种念佛、九种转离，以及求一切智地，都与其余诸地相通。如此等等，初地中连结全书之处甚多，为了解和研究全书提供了基本线索。

朝鲜华严宗的创始人义湘（曾与法藏同学于智俨）说："《华严》一部经七处八会及品类不同，而唯在《地品》。所以者何？是根本摄法尽故。《地品》中虽十地不同，而唯在初地。何以故？不起一地，普摄一切诸地功德故。"[①] 由此亦可见初地在《十地经》中的地位，所以我们所选的内容，以初地为最多。

第六地中之经论，解说因缘集观，显现真如净性，引生无分别最胜般若智，在十地中起着承前启后的作用。第十地经论说菩萨于初地至九地中善择智业，得地方便满足，得三昧满足，离垢三昧等自然现前，得至一切智智受位地。这些都是说如何在前九地的基础上进而修入第十地。第十地中的地影像分，采用比喻的方式，通说从初地至第十地之四个方面的功德利益，以大池喻诸地修行功德，以十大山王喻诸地之上胜功德，以大海十相喻诸地之难度能度大果功德，以大摩尼宝珠之十宝性喻转尽坚固功德。由此可见，第十地中的许多内容，实际上是概括诸地，起着总括全书的作用。

这样，这里所选录的初地、第六地及第十地，初地是全书的起始，第十地是全书的终结，第六地则承前启后。此三地大略体现出《十地经论》的内容，可以为通读全书打下一个基础。

就第二方面的意义来说，我们节选原典，应该把重点放在世亲之论上，而不是放在经文上，因为经文即是《华严经·十地品》，这应当在有关《华严经》的著作中述及。这里所节选的原典中，世亲之论不仅对经文作了具体解释，而且时常阐发自己的见解。他所阐发的观点，对中国佛教发生了很大的影响。

例如，初地经文中说到，凡夫之心堕于邪见，其意识被无明所蒙蔽。论中则依据经文归纳出凡夫的九种邪见，其中第九种是"心意识种子邪见"。对于"心意识种子"，北朝地论师法上的《十地论义疏》卷三，以及隋代慧远的《十地经论义记》卷十五，都作了详细解说，以为就因缘体性或本性而言，一切生死皆由心起。但《义记》以心意识为统说六识，而《义疏》则说识为第七识，第七识与前六识合为心意识，是生死根源。经文中接着说到，由于无明所蔽，于欲界、色界、无色界便有名色萌生，即"名色共生不离"。

论中在解释"名色共生"时，提出了经文中所没有的阿梨耶识，认为所谓名色共生，即是"名色共阿梨耶识而生"。世亲的这种观点，引起中国佛教界的极大重视，由此，关于阿梨耶识之真妄问题，遂成为地论师南道与北道两派争论的中心问题。《义疏》卷三和《义记》卷十四都以此阿梨耶识为真识，名色是邪行邪见之报果，依此真识而生。这代表着南道派，即地论师正统派的立场。

又如，在第六地中，经文提出了"三界虚妄，只是一心所作"的论点，世亲之论对此进行了多方面的发挥，认为所谓一心所作，就是说一切三界都是一心之转现。基于此，世亲又把经文中所讲的十二缘起，归结为染依止观，并且解释为"因缘有分，依止一心"。经文中还讲到还灭、解脱，世亲又根据"依于一心"的道理发挥说，凡夫愚痴颠倒，常应于"阿梨耶识及阿陀那识中求解脱"，而不应于"我、我所"等其余处求解脱。华严宗第二祖智俨之《华严经搜玄记》卷三对此解释说，世亲的意思是，应于梨耶缘起法中求解脱，即用识境以治我境，以唯识智治我智。

另外，世亲又解释经文中的"十二因缘分，皆依一心"，认为这就是说"二谛（真谛、俗谛）差别"，是"一心杂染和合因缘集观"。华严宗第三祖法藏之《华严经探玄记》卷十三则进而更明确地说，世亲之意，是所依心体为真谛，能依之十二因缘支是俗谛；一心是真，杂染是俗；此心随染和合，染而不染。

世亲实际上是主张染（十二缘生）、净（还灭、解脱）都归于一心，世亲此论不仅是六朝时代地论师们讨究的一个重点，是地论师讲说阿梨耶识缘起义的根据，而且也是后来华严宗理论形成的一个来源。

再如，在第十地中，经文反复论说佛智，世亲又对经文中所说的佛智作了进一步阐发，说明佛智即是一切种智、一切智智。十地所得之智慧，都是佛智的组成部分。佛智自性常寂灭，远离烦恼无明，纯净而无染。菩萨从初发菩提心，经过十地修行，不断自我完善，最后即得佛智。但是，佛智与阿梨耶识是何关系呢？这也是《十地经论》译出之后，中国佛教中所讨论的一个重要问题。

在我们所选的三地原典中，世亲发挥了经文之处还有许多，并且往往又为中国佛教所发挥和发展，这里不再一一列举，读者自会体悟。

《十地经论》的版本颇多，宋、元、明、宫、丽等诸本大藏经中均有收录，这里节选的原典，是以《大正新修大藏经》（第二十六册）为底本，间或以他本相校。

注释：

① 见法藏《华严一乘法界图》，《韩国佛教全书》第二册第二页。

经典

1 卷一——初地欢喜地之一

原典

经曰：尔时十方诸佛，不离本处，以神通力皆申右手，善摩金刚藏菩萨①摩诃萨②顶。

论曰：不离本处而摩此者，显示殊胜神力。若来此处则非奇异，是如意通力非余通等。已说加分，云何起分③？

注释

① **金刚藏菩萨**：《华严经·十地品》把该菩萨举为上首，十方诸佛通过该菩萨来宣说十地。

② **摩诃萨**：菩萨的美称，与"菩萨"同义，常与

"菩萨"连用。

③ **加分、起分**：天亲菩萨把《十地经·欢喜地》的内容分为序分、三昧分、加分、起分、本分、请分、说分、较量胜分等八个部分，加分、起分是其中两分。以下所说本分、请分、说分、较量胜分，同是出于此。

译文

经文：当时十方诸佛原地不动，靠着如意神通，一齐伸出右手，去抚摸金刚藏菩萨的头顶。

论释：原地不动而能抚摸金刚藏菩萨头顶，这显示出诸佛无上的神力。如果离开原地去摸金刚藏菩萨的头顶，那就无甚奇异可谈。这是靠了如意神力，不是靠五神通中的其他神力。以上说完加分，后面将说起分。

原典

经曰：诸佛摩金刚藏菩萨顶已，尔时金刚藏菩萨即从三昧起。

论曰：即从三昧起者，以三昧事讫故，又得胜力，说时复至，定无言说故。已说起分，云何本分？

译文

经文：诸佛抚摸金刚藏菩萨头顶之后，当时金刚藏菩萨便出离三昧这种精神入定的状态。

论释：出离三昧，是因为入三昧时，已经得到诸佛所加的胜妙威力，又为众生授法时机已到，便返显寂灭无言之理。已说起分，下说本分。

原典

经曰：起三昧已，告诸菩萨言："诸佛子，是诸菩萨愿善决定①，无杂不可见，广大如法界，究竟如虚空，尽未来际，覆护一切众生界。佛子，是诸菩萨乃能入过去诸佛智地，乃能入未来诸佛智地，乃能入现在诸佛智地。

诸佛子，此菩萨十地是过去、未来、现在诸佛已说、今说、当说，我因是事②，故如是说。何等为十？一名欢喜地，二名离垢地，三名明地，四名焰地，五名难胜地，六名现前地，七名远行地，八名不动地，九名善慧地，十名法云地。

诸佛子，此菩萨十地过去、未来、现在诸佛已说、今说、当说。佛子，我不见有诸佛世界是诸如来不叹说此菩萨十地者。何以故？此是菩萨摩诃萨增上胜妙法故，亦是菩萨光明法门。所谓分别十地事，诸佛子，是事不可思议，所谓菩萨摩诃萨诸地智慧。"

论曰：何故不请而说？若不自说，众则不知为说，不说，又复不知欲说何法。愿善决定者，如初地中说发菩提心，即此本分中愿应知。善决定者，真实智摄[3]故。善决定者，即是善决定[4]。此已入初地，非信地[5]所摄。此善决定有六种：

一者观相善决定。真如观一味[6]相故，如经"无杂"故。

二者真实善决定。非一切世间境界，出世间故，如经"不可见"故。

三者胜善决定。大法界故，一切佛根本故，如经"广大如法界"故。大胜高广一体异名法相义[7]故，一切法法尔故。复法界大真如观[8]，胜诸凡夫二乘智等净法法尔故。复法界大方便[9]集地[10]，谓说大乘法法尔故。复法界大白法界[11]善法法尔故。

四者因善决定有二种：一成无常爱果[12]因善决定。是因如虚空，依是生诸色，色不尽故，如经"究竟如虚空"故。二常果[13]因善决定。得涅槃道，如经"尽未来际"故。

五者大善决定。随顺作利益他行，如经"覆护一切众生界"故,次前善决定,此愿世间涅槃中非一向住⑭故。

六者不怯弱善决定。入一切诸佛智地不怯弱故,如经"佛子,是诸菩萨"乃至"入现在诸佛智地"故,复此十地生成⑮佛智住持⑯故,如经"诸佛子,此菩萨十地是过去、未来、现在诸佛已说、今说、当说故"。

于中善决定者是总相。余者是别相。同相者善决定,异相者别相故。成相者是略说,坏相者广说故。如世界成坏。

何故定说菩萨十地?对治十种障故。何者十障⑰?一者凡夫我相障;二者邪行于众生身等障;三者暗相于闻思修等诸法忘障⑱;四者解法慢障⑲;五者身净我慢障⑳;六者微烦恼习障㉑;七者细相习障㉒;八者于无相有行障㉓;九者不能善利益众生障;十者于诸法中不得自在障。

何故十地初名欢喜,乃至十名法云?成就无上自利利他行,初证圣处多生欢喜,故名欢喜地;离能起误心犯戒烦恼垢㉔等,清净戒具足,故名离垢地;随闻思修等照法显现,故名明地;不忘烦恼薪智火能烧,故名焰地;得出世间智方便善巧,能度难度,故名难胜地㉕;般若波罗蜜行有间㉖,大智现前,故名现前地;善修无相行,功用究竟㉗,能过世间二乘出世间道,故名远行地;报行纯熟无相无间㉘,故名不动地㉙;无碍力㉚说法,成就利他行,故名善慧地;得大法身,具足自在,故名法云地。如是受法王位,犹如太子于诸王子而得自在。是处有微智障㉛故不自在。对治此障故说佛地。

又如怀孕在藏,菩萨十地亦复如是。以诸地有障故,如子生时,佛时亦尔,事究竟故。又如生时诸根觉了,佛亦如是。于一切境界智明了故。藏有十时㉜:一者陀罗婆身时;二者捭罗婆身时;三者尸罗他身时;四者坚身时;五者形相似色身时;六者性相似身时;七者业动身时;八者满足身时;于中有三种,根满足时,男女相别满足时,广长诸相满足时。如是十时诸地相似故,"佛子,我不见有诸佛世界是诸如来不叹说此菩萨十地者。"显此胜法为令时众增渴仰故。

佛世界㉝者,于中成佛,喻如稻田。往作佛事者,亦名佛世界。叹说者,于中有二种:一者为说阿含义㉞,二者为证入义㉟。摩诃萨者,有三种大㊱:一愿大,二行大,三利益众生大。胜妙法者,诸法门中最殊胜故。光明者,此大乘法显照一切余法门㊲故。法门者,名为法㊳故。分别十地事者,显示世间智所知法㊴故。是事不可思议,所谓菩萨摩诃萨诸地智慧者,显示出世间智故,此非世间分别地智,能成菩萨清净道故。

注释

① **愿善决定**："愿"指佛菩萨所发本愿。"决定"意指一定不变。慧远《十地经论义记》卷六中说，"决定"的含义有五种：一就行体决定不退，二对所信及所证法决定不疑，三对生死决定不作，四对菩提决定趣向，五对众生决定能益。

② **是事**：指诸佛同说地事。

③ **真实智摄**：真如实智与理相应。

④ **善决定者，即是善决定**：法上《十地论义疏》卷一说，十地之体便是出世真证，如果以世法来解释则失其正义，所以直言"即是"。

⑤ **信地**：菩萨修行的阶位中，十地以前称信地，十地则总称为证地。

⑥ **一味**：《十地论义疏》卷一称，体无分别，不杂无明，所以言一味。《十地经论义记》卷六说，诸法之相虽然众多，但穷观其实，如理不异，所以称一味。

⑦ **一体异名法相义**：诸法之相万殊，称谓有异，但其实体是一，融一而备万，所以说一体异名。

⑧ **法界大真如观**：观诸法无实体相，契同一味，伏灭烦恼，心得寂静。

⑨ **大方便**：指佛菩萨广大善巧之教化。

⑩ **集地**：集诸功德智慧之法门。

⑪ **白法界**："白"是净义。助行除障，能净法界。

⑫ **无常爱果**：据《十地经论义记》卷六，诸佛菩萨得大涅槃，不舍世间，是无常爱。随世生灭，所以称无常，大悲作用理是可乐，名为爱果。

⑬ **常果**：据《十地经论义记》卷六，指有余涅槃和无余涅槃二种涅槃。有余涅槃是烦恼永尽，已断生死之因，但仍余有漏依身而色相相续；无余涅槃则是更灭依身，无有所余。这二种涅槃同为一体，但无余涅槃在命终时才现。《义记》卷六又说，无常爱果和常果，如同《涅槃经》中的常共无常、无常共常二种行德，或智慧庄严、福德庄严二种庄严。智慧庄严无为、无漏、无碍、常住，即是常果；福德庄严有为、有漏、有碍、非常，即是无常爱果。

⑭ **世间涅槃中非一向住**：常果因善能得涅槃，所以于世间不一向住；无常果因及此大善，能随世间，所以于涅槃不一向住。

⑮ **生成**：据《十地经论义记》卷六，佛果始起名为生，佛果终满名为成。

⑯ **住持**：有二意，前者指久住护持佛法之意，后者指掌管一寺之主僧。此处指前者而言。

⑰ **十障**：原为"一障"，今据宋本等诸本及文意校

改。据《华严经疏》卷三十一、《成唯识论》卷九等，修行十地，须相应地断除十障，十障分别为：异生性障，邪行障，暗钝障，微细烦恼现行障，下乘涅槃障，粗相现行障，细相现行障，无相中作加行障，利他中不欲行障，于诸法中未得自在障。此等十障与本文所说十障大同小异。

⑱ **暗相于闻思修等诸法忘障**：此是对三地闻法解心而说暗钝为障。暗钝之相即是忘失闻思修三慧，不能如法修行。

⑲ **解法慢障**：此是对四地出世真证，而说三地中取相解心为慢、为障。

⑳ **身净我慢障**：此是对五地平等净心，而以四地中取净为慢、为障。

㉑ **微烦恼习障**：此是对六地十平等法，而说五地中取染净法分别慢心为障。

㉒ **细相习障**：此是对七地十方便慧发起胜行，而说六地中乐空为障。

㉓ **于无相有行障**：此是对八地无功用行，而说七地中功用为障。

㉔ **误心犯戒烦恼垢**：据《十地经论义记》卷六，犯戒有二种，一是故，二是误。故意为重，误心为轻。起于故意之烦恼，粗而不细，前地已除；起于误心之烦

恼，细而不粗，此地远离。

㉕ **难胜地**：《十地经论义记》卷六说，有人解释难胜，以得出世智方便善巧为胜，以能度难度为难，这是不妥当的，准确的解释应该是：得出世智方便善巧为难，此难有二种，一对前三地而明出世难，所以下论言十平等心甚难得；二对四地而明其方便随世间难，所以下论言又现世间最难得。能度难度，则是对难而显其胜。

㉖ **般若波罗蜜行有间**：般若波罗蜜指菩萨度生死此岸至涅槃彼岸的大智慧，此种大智慧，七地以上念念常现，而在六地，大智虽现，但尚未纯熟，所以有间。

㉗ **善修无相行，功用究竟**：离于有无间隔之相称为无相。七地中修方便慧，于空不着，名为善修无相。发起胜行名为行。前六地功用未满，此七地得以穷极，所以说是究竟。

㉘ **报行纯熟无相无间**：菩萨自初地以来，广修行道，至此而纯熟。相对于此前修道，此地行德称为报行。离功用相名为无相；离间隔动、空有双现名为无间。

㉙ **不动地**：七地无相，但有功用，此地得无功用，所以称不动地。

㉚ **无碍力**：指四种无碍智力，即法无碍智、义无碍智、辞无碍智、乐说无碍智（见《十地经论》卷十）。

㉛ **微智障**：菩萨至第十地，于法虽得自在，但尚

有微细所知障及烦恼之种子，断此余障，才能入佛地。此微智障与前十障又合称十一重障。

㉜ **十时**：这是以人怀胎十月来喻说十地，陀罗婆意为乳，喻初地始证真如形佛胜智；捭罗婆意为薄酪，喻二地进入修道解心转强，如酪胜乳；尸罗他意为稠酪，喻三地具足禅定智慧，神通化物善根已厚；坚身喻四地出世法身坚固不坏；形相似喻五地不住道行广化众生，形同诸佛相似；性相似喻六地无障碍智开明现前，智慧似佛；业动身喻七地大方便智起殊胜行；满足身喻后三地行德满足；根满足喻八地报行纯熟；男女相别喻九地自利利他二行相分；广长诸相喻十地一切功德圆满。

㉝ **佛世界**：指佛出世处，又指佛所化之处。

㉞ **为说阿含义**：此是解释经文中"叹说"之"说"，十方诸佛为诸大众宣说因分，名为说阿含。

㉟ **为证入义**：此是解释经文中"叹说"之"叹"，十方诸佛叹地果分微妙离言，不可宣说，令人契会，名为证入。

㊱ **三种大**：《十地经论义记》卷六解释说，发意遐廓求大菩提名为愿大；旷集诸度称为行大；四摄等益名为利益众生大。

㊲ **余法门**：指世间行修。

㊳ **法门者，名为法**：是指十地体为法门。

㊴ **显示世间智所知法**：意思是真证之相随修而说十，能令世人解知。世修中分得真证之相也称作世间智所知法。

译文

经文：金刚藏菩萨出离三昧后，便对诸菩萨说："诸位佛子，这些菩萨发愿善决定，既无杂染，又不可见，犹如法界，广大无边，又如虚空，无所不包，通达未来，覆护一切众生界。诸位佛子，这些菩萨由此便能入过去诸佛智慧地，便能入未来诸佛智慧地，便能入现在诸佛智慧地。

"诸位佛子，这菩萨十地，是过去、未来、现在诸佛已说、今说、当说。正为这菩萨十地是三世诸佛共同教说，所以我今天特来宣说。何为十地？一是欢喜地，二是离垢地，三是明地，四是焰地，五是难胜地，六是现前地，七是远行地，八是不动地，九是善慧地，十是法云地。

"诸位佛子，这菩萨十地，是过去、未来、现在诸佛已说、今说、当说。佛子，诸佛世界诸佛如来无不叹说这菩萨十地。诸佛如来为何皆加叹说？只因为这是菩萨胜妙大法，又是菩萨光明教法。诸位佛子，明辨十地之事，就是明辨菩萨摩诃萨诸地智慧，此事实在奥妙无穷。"

论释：金刚藏菩萨为何不待众菩萨劝请便主动开口讲说？因为如果自己不先开口，众菩萨便不知道他要宣说，更不知他要宣说何种教法。所谓愿善决定，就是初地中所说的发菩提心，这是菩萨所发的本愿。所谓善决定，是说真如实智的所摄之故。所谓善决定就是善的决定。这善决定已入初地，初地以前的菩萨，尚未修习此善决定。善决定有六种：

一是观相善决定。诸法之相虽然万殊，但穷观其实，终究同归一理，正如经中所说"无杂"。

二是真实善决定。这已超出一切世间境界，是出世间境界，所以经中说"不可见"。

三是胜善决定。这是真实法界，是大法界，是诸佛之根本，胜过事法界一切现象，如经所说"广大如法界"。真实大法界，融一而备万，一体异名，大胜高广，自相天真，自然常住。如此正观诸法实相，便得伏灭烦恼，身心清净，有大智慧，超过凡夫、二乘，因佛法本是净法之故。诸佛菩萨，善巧教化，集诸功德，广开智慧，因大乘教法，本来如此之故。又法界是大白法界，因原是善法之故。

四是因善决定。因善决定又有两种：一是无常爱果因善决定。此因能生万事万物，生生不已，如经所说"究竟如虚空之故"；二是常果因善决定。由此而得菩提智德、性净涅槃，所以经中说"尽未来际"。

五是大善决定。随宜教化，利益众生，如经"覆护一切众生界"。此大善决定与因善决定密切相联。无常爱果因能随顺世间，不停住于涅槃；常果因能得涅槃，不停留于世间；无常共常，常共无常，即是随宜教化。

六是不怯弱善决定。入一切诸佛智地而不怯弱，如经所说"佛子，是诸菩萨乃至入现在诸佛智地"。另外，这菩萨十地，从佛果初起，至佛果圆满，能使佛法永住，所以经中说"诸佛子，这菩萨十地是过去、未来、现在诸佛已说、今说、当说"。

以上所说愿善决定，善决定是总相，分为六种是别相；善决定是同相，分别解说是异相；概略地说是成相，展开来说是坏相，比如世界成坏。

为何一定要说菩萨十地？这是为了对治十种蔽障。何为十种蔽障？一是凡夫我相障。凡夫执着有我，贪求外物，生起无限烦恼，能障无漏圣性；二是邪行于众生身等障。众生身、口、意三业之恶行，能障清净之性；三是暗相于闻思修等诸法忘障。忘失闻、思、修之法，能障胜定、总持及所发之三慧；四是解法慢障。不能理解诸法实相，执着万事万物为实有，能障菩提智慧；

五是身净我慢障。厌生死，乐涅槃，而障无差别之道；六是微烦恼习障。执持有染有净之粗相，而障无染净之道；七是细相习障。执持有生灭之细相，而障妙空无相之道；八是于无相有行障。于无相中作加行，使无相观不能任运而起；九是不能善利益众生障。不愿勤行利他之事，而乐于利己之事；十是于诸法中不得自在障。通过修行十地，断除以上十障，才能证得真如大法。

为何菩萨十地初名欢喜地，乃至第十地名法云地？成就无上自利利他之德，初悟胜妙佛理，心多欢喜，所以名为欢喜地；脱离烦恼垢染，避免误心犯戒，清净戒具足，所以名为离垢地；坚持如法修行，闻、思、修三慧并照，显现佛法光明，所以名为明地；不忘智慧之火，能烧烦恼之薪，所以名为焰地；得出世间大智，善巧教化众生，堪能救度难度者，所以名为难胜地；已得度生死此岸至涅槃彼岸的大智慧，这种菩萨大智，虽然在此地尚未纯熟，但毕竟已经现前，所以名为现前地；善修无相之行，不着于空，离于有、无分别之相，功用圆满穷极，远超世间道及二乘出世间道，所以名为远行地；菩萨自初地以来，广修行道，至此而得纯熟，离功用相，空、有双现，所以名为不动地；以四无碍智慧力说法利生，成就利他善行，所以名为善慧地；菩萨得大法身，普覆如云，又能普降法雨，浇灭众生烦恼尘炎，自利利他，具足自在，所以名为法云地。如此菩萨，则受得法王之位，好比太子，高出诸王子，可得自在。菩萨至第十地，于法虽得自在，但尚余微细智障，因而仍有所不自在，微障除尽，佛果圆显，才是佛地。

　　菩萨十地，依次修行，灭除诸障，至于佛地，犹如妇人，怀胎十月，历经艰辛，方得生子。修至佛地，一切境界智慧明了，如同婴儿出生时，诸根觉了。怀孕在藏，至于生子，前后相继，须经十时：一为陀罗婆身时，其胎形如乳；二为捭罗婆身时，其胎形如薄酪；三为尸罗他身时，其胎形如稠酪；四为坚身时；五为形相似色身时；六为性相似身时；七为业动身时；八为满足身时，满足身有三种：根满足时，男女相别满足时，广长诸相满足时。如此十时，正与诸地相似：陀罗婆身，喻如初地始证真如之形；捭罗婆身，比喻二地修道解心；尸罗他身，比喻三地具足禅定智慧；坚身比喻四地出世法身坚固不坏；形相似身比喻五地不住道行，广化众生，形同诸佛；性相似身比喻六地四无碍智开明现前，智慧似佛；业动身比喻七地大方便智起殊胜行；满足身比喻后三地行德满足，根满足时比喻八地报行纯熟，男女相别满足时比喻九地自利、利他二行相分，广长诸相满足时比喻十地一切功德圆满。"佛子，我不见诸佛世界，诸佛如来无不叹说这菩萨十地。"这是显示十地法为胜妙大法，以使众生欣求渴仰。

其中所说"佛世界"，是指诸佛出世之处，好比稻田，是稻米长成之处。诸佛所化之处，也称之为"佛世界"。"叹说"有两种含义："说"字指说阿含义，即是十方诸佛为诸大众宣说因分；"叹"字指证入义，即是十方诸佛赞叹地果分微妙离言，令人契会。"摩诃萨"的意思是大，有三种大：一愿大，二行大，三利益众生大。"胜妙法"，是说诸法门中最殊胜之教法。"光明"，是指此大乘教法显照一切其余法门，十地之体即是根本法门。明辨十地之事，是令世人解知真证之相，所以说此事实在奥妙无穷。所谓"菩萨摩诃萨诸地智慧"，是显示出世间之大智慧，这不同于世间分别有为事相之智，所以能成就菩萨清净道。

2 卷二——初地欢喜地之二

原典

经曰：诸佛子，若有众生厚集善根故，善集诸善行故，善集诸三昧行故，善供养诸佛故，善集清白法故，善知识善护故，善清净心故，入深广心故，信乐大法、好求佛智慧故，现大慈悲故，如是众生乃能发阿耨多罗三藐三菩提心①。

论曰：如是十句说依何身。此集有九种。一者行集，善作眷属②持戒，如经"善集诸善行"故；二者定集，善作眷属三昧，如经"善集诸三昧行"故，三昧行者，观行增上③故；三者亲近集，善习闻慧智，如经"善供养诸佛"故；四者聚集，思慧智善思量波罗蜜等诸善法，如经"善集清白法"故；五者护集，修行实证善得教授，如经"善知识善护"故；六者净心集，得出世间正智，如经"善清净心"故；七者广集，深心作利益一切众生，如经"入深广心"故；八者信心集，求一切智智，如经"信乐大法、好求佛智慧"故；九者现集，多行慈悲，如经"现大慈悲"故，于中慈念依苦苦、坏苦，悲依行苦④。

是中初二种集显增上戒学、增上定学，行集善作眷属持戒故，定集善作眷属三昧故；次有四集显增上慧学，亲近集善习闻慧智故，聚集思慧智善思量波罗蜜等诸善法故，护集修行实证善得教授故，净心集得出世间正智故；后三集显胜声闻辟支佛等故，广集深心作利益一切众生故，信心集求一切智智故，现集多行慈悲故。此十句中厚集善根是总，余九种是别。集者是同相，别者是异相；成者略说故，坏者广说故。已说依何身生如是心，次说为何义故生如是心。

注释

① **阿耨多罗三藐三菩提心**：阿耨多罗三藐三菩提是梵语、巴利语音译，意译为无上正真道等。阿耨多罗三藐三菩提心即无上正真道心、无上菩提心。

② **眷属**：指若以慧的生起为主的话，戒等只是辅

助的作用，故称眷属。

③**观行增上**：据《十地经论义记》卷十一，三昧是止，行即是观，止观二门常相资助。今此文中以止为主，用观资成，观能起定，所以名为观行。观行增长，定得深胜。

④**苦苦、坏苦、行苦**：此称之为三苦。由于遇到苦事而生苦恼是苦苦；由于乐事消失而生苦恼是坏苦；由于一切法之迁流无常而生苦恼即是行苦。

译文

经文：诸位佛子，如果众生能厚集善根，能善集诸种善行，善集诸三昧行，善供养诸佛，善集清白法，常得善友护助，善得清净心，心入深广境地，信乐大法、好求佛智慧，显现大慈悲，如此众生，便能发无上菩提心。

论释：以上十句，是说依何身而生菩提心。这里有九种集：一是行集。随顺佛意以慧为主而持守眷属的戒律，如经所说"善集诸种善行"；二是定集。随顺佛意善修眷属的三昧，如经所说"善集诸三昧行"。三昧行即是殊胜观行；三是亲近集。善于见闻经教，修习闻智，如经所说"善供养诸佛"；四是聚集。善于思维诸善法，修习思慧智，如经所说"善集清白法"；五是护集。修行真证，常得善友指导保护，如经所说"常得善友护助"；六是净心集。能得出世间正智，如经所说"善得清净心"；七是广集。心境深广，利益一切众生，如经所说"心入深广境地"；八是信心集。欣求佛智，坚信佛法，如经所说"信乐大法、好求佛智慧"；九是现集。多行慈悲，如经所说"显现大慈悲"。其中慈心是帮助众生超脱苦苦及坏苦，悲心是救度众生的行苦。

九集之中，前二集是显示殊胜戒学与殊胜定学，行集是顺从佛意以智能的生起为主而善持眷属的戒律，定集则是顺从佛意修入眷属的三昧；次四集显示殊胜慧学，亲近集是善习闻慧，聚集是以思慧智思维波罗蜜等诸善法，护集是善得善友指教启发，净心集则是修得出世间正智；后三集表示胜过声闻、缘觉等，广集是心境深广而能利益一切众生，信心集是欣求佛智，现集则是多行慈悲，此三集自利利他皆胜小乘。这十句经文中，厚集善根是总相，其余九种是别相；集是同相，别是异相；成是概括地说，坏是展开来说。已说依何身而生此心，次说为何而生此心。

原典

经曰：为得佛智故，为得十力[①]力故，为得大无畏②故，为得佛平等法故，为救一切世间故，为净大慈悲故，为得十方无余智故，为得一切世间③无障净智故，为得一念中觉三世事故，为得转大法轮无所畏故，菩萨摩诃萨生如是心。

论曰：于中佛智者，谓无上智，知、断、证、修④故。此佛智有九种业差别，为求彼故，生如是心。

一者力佛智，问记⑤业。此如来是处非处智力⑥问记故，如修多罗⑦中说，如经"为得十力力"故。

二者无畏佛智，破邪说业。如经"为得大无畏"故。

三者平等佛智，得人法无我、教授众生证入业。如经"为得佛平等法"故。

四者救佛智，以四摄法⑧化众生业。如经"为救一切世间"故。

五者净佛智，是净为救摄因业。如经"为净大慈悲"故。

六者无余智佛智，常以佛眼⑨观世间众生业。如经"为得十方无余智"故。

七者无染佛智，一切世界无障无染、自然应化、令信作业。智心无碍，如经"为得一切世间无障净智"故。

八者觉佛智，于一念中知三世众生心、心数法⑩业。如经"为得一念中觉三世事"故。

九者转法轮佛智,解脱方便善巧业故。于百亿阎浮提⑪同时转大法轮,如经"为得转大法轮无所畏"故。⑫

生如是心者,即是本分中说"诸佛子,是菩萨愿善决定"故。何故唯言生心,不言生智及余心数法?心中即摄知、断、证、修一切助道法故。已说为何义故生如是心,次说以何因生如是心。

注释

① **十力**:指佛的十种智力,即处非处(是处非处)智力、业异熟智力、静虑解脱等持等至智力、根上下智力、种种胜解智力、遍趣行智力、宿住随念智力、死生智力、漏尽智力。

② **大无畏**:指佛四无畏智,即正等觉无畏、漏尽无畏、说障法无畏、说出道无畏。

③ **间**:原本为"界",今据《明本》校改。

④ **知断证修**:据《十地经论义记》卷十一,知是知苦,断是断集,证是证灭,修是修道。此是如来自除苦、集,自得灭、道,并非泛观四谛境界。

⑤ **问记**:据《十地经论义记》卷十一,问记是明其作业,意思是说随众生所问因果皆能一一记之,随问

能记是力作业。

⑥**是处非处智力**：如来十种智力之一，如来能实知一切因缘果报，如作善业，便知定得善报，这称为知是处；如作恶业，便知得善报无有是处，称为知非处。

⑦**修多罗**：指诸经。

⑧**四摄法**：是菩萨接引众生的四种方法，四法分别是：布施摄、爱语摄、利行摄、同事摄。

⑨**佛眼**：五眼之一。《十地经论义记》卷十一说，肉眼、天眼见众生形色，法眼能见众生根性，慧眼能见众生空寂，佛眼了达众生实性。五眼又总称为佛眼，具此五眼，则能见众生而为利益，此即是无余智之业。

⑩**心数法**：指从属于心、与心相应的种种复杂的精神作用。

⑪**阎浮提**：泛指人间世界。

⑫依《十地经论义记》卷十一，此处六、七、八、九四种智力即是五种无量，五无量是：一众生无量，谓知所化；二世界无量，知生住处；三法界无量，知生所起善恶等法；四调伏无量，知物根性；五调伏方便无量，谓知度众生法。四种智力与五种无量相应，无余佛智是初无量，无染佛智是世界无量，觉佛智是法界无量，又是调伏无量，转法轮佛智是调伏方便无量。

译文

经文：为得佛智，为得十种智力，为得大无畏智，为得佛平等法，为救一切世间，为净大慈悲，为得十方无余智，为得一切世间无障净智，为得一念中觉三世事，为得转大法轮无所畏惧，因而菩萨便生此心。

论释：经中所说佛智，是无上智，知苦、断集、证灭、修道，各显其相，这是如来自除苦、集，自得灭、道之大智。此佛智有九种业力，各有作用，为求佛智力，所以便生此心。佛智九种业分别是：

一力佛智，问记业。这是如来十种智力之首，也就是处非处智力。此智力能实知一切因缘果报，为众生说因果，随问能记。如作善业，便知定得善报；如作恶业，便知得善报无有是处。所以诸经中多说力佛智，此处经文也说"为得十种智力"。

二无畏佛智，破邪说业。佛有四种无畏智，即正等觉无畏、漏尽无畏、说障法无畏、说出道无畏。佛的四种无畏智，便是大无畏智，所以经中说"为得大无畏"。

三平等佛智，得人法无我、教导众生证入业。所以经中说"为得佛平等法"。

四救佛智，以四摄法化众生业。所以经中说"为救一切世间"。

五净佛智,此净为救摄因业。所以经中说"为净大慈悲"。

六无余智的佛智,常以佛眼观众生业。所以经中说"为得十方无余智"。

七无染佛智,一切世界无障无染、自然应化、使众生归信业。如来智心无碍,所以经中说"为得一切世间无障净智"。

八觉佛智,于一念中能知三世众生心及各种心相业。所以经中说"为得一念中觉三世事"。

九转法轮佛智,解脱方便善巧业。如来教法如滚滚巨轮,在百亿人间世界中同时回转,摧破众生迷障,使能解脱得道,所以经中说"为得转大法轮的无所畏"。

经中所谓"生此心",即是本分中所说"诸位佛子,此菩萨愿善决定"。为何只说生心,而不说生智及生其余各种心相?因为心中即包摄知、断、证、修一切助道法。已说为何而生此心,次说因何能生此心。

原典

经曰:是心以大悲为首,智慧增上,方便善巧①所摄,直心深心淳至。如来力无量,善决定众生力智力。随顺自然智,能受一切佛法,以智慧教化。广大如法界，究竟如虚空，尽未来际。

论曰：此大悲为首，于中，悲大有九种：

一者增上大。细苦智②增上③生故，如经"智慧增上"故。智者，因果逆顺染净观④故；慧者，自相、同相⑤差别观故。

二者摄大。救苦众生方便善巧所摄，如经"方便善巧所摄"故。

三者淳至大。向时许⑥乃至尽众生界作利益众生，悲心增上，如经"直心深心淳至"故。

四者无量大。摄取如来无量力，如经"如来力无量"故。

五者决定大⑦。上妙决定信，深智胜对治⑧，如经"善决定众生力智力"故。

六者随顺大。随顺菩提正觉，如经"随顺自然智"故。

七者正受大。能取大胜法教授众生，如经"能受一切佛法，以智慧教化"故。

八者最妙大。摄受胜妙功德，如经"广大如法界"故。

九者住尽⑨大。无量爱果因尽涅槃际，如经"究竟如虚空，尽未来际"故。

已说以何因生如是心，次说是心生时有何等相。

注释

①**方便善巧**：即菩萨为摄化众生，而善巧方便涉种种事，示现种种相。

②**细苦智**：微苦尽察名为细苦智。

③**增上**：这里指细苦智超越世间之智。

④**因果逆顺染净观**：据《十地经论义记》卷十二，业烦恼等判以为因，苦乐等报名之为果，通而论之，十二因缘法皆是前后相生，后从前起，前者名为因，后者则名为果。由果而寻因即是逆，据因而推果称为顺。不善之因果是染，善法因果为净。照察名为观。

⑤**自相、同相**：因缘之有是法自体，所以名为自相；空等一味称为同相。

⑥**向时许**：指以前集善根之时，便已发心欲益众生。

⑦**决定大**：《十地经论义记》卷十二说，照物机性，明了无滞名为决定大。

⑧**深智胜对治**：意思是能以深心大智了知在胜进中救众生之苦的良药。

⑨**住尽**：《十地经论义记》卷十二说，无常爱果之因受报随有，所以名为住；常果之因尽未来际所以名为尽。依上所释，下文"无量爱果"当为"无常爱果"。

译文

经文：此菩提心以大悲为首，智慧无上，同摄方便善巧，直心、深心淳至。如来力无量，善决定众生力智力。随顺如来自然智，能领受一切佛法，以智慧教化众生。其智慧广大无边，犹如法界，又如虚空，无所不包，通达未来，无处不至。

论释：此菩提心以大悲为首，大悲之大，分为九种：

一为增上大。以其殊胜智慧，能尽察微细苦恼，所以经中说"智慧增上"。所谓智，是说能观照因果、逆顺、染净之由来；所谓慧，是说能分辨自相、同相之意义。

二为摄大。巧拔众生之苦，能与众生为乐，所以经中说"方便善巧之所摄"。

三为淳至大。以前集诸善根时，便已发心利益众生，日月修习，悲心淳厚，多行善事，普救众生，所以经中说"直心深心淳至"。

四为无量大。能摄取如来无量智力。所以经中说"如来力无量"。

五为决定大。上妙智慧，能知众生本性，以此深智，可救众生脱离苦海，如经所说"善决定众生力和智力"。

六为随顺大。随顺如来正觉实智,所以经中说"随顺自然智"。

七为正受大。能受取殊胜法来教导众生,所以经中说"能受一切佛法,以智慧教化"。

八为最妙大。能摄受一切胜妙功德,所以经中说"广大无边,犹如法界"。

九为住尽大。超脱无常因果报应,达到涅槃寂静境地,所以经中说"究竟如虚空,尽未来际"。

已说因何而生此心,次说此菩提心发生时有何等相。

原典

经曰:菩萨生如是心,实时过凡夫地,入菩萨位,生在佛家,种姓尊贵,无可讥嫌,过一切世间道,入出世间道,住菩萨法中,住在菩萨正处,入三世真如法中、如来种中,毕定究竟阿耨多罗三藐三菩提。菩萨住如是法,名住菩萨欢喜地,以不动法故。

论曰:过凡夫地者,以过凡夫地故,示现得出世间圣道。此过有八种。

一者入位过。初成出世间心,如始住胎相似法故,如经"入菩萨位"故。

二者家过。家生相似法故，如经"生在佛家"故。

三者种姓过。子相似法，大乘行生①故，如经"种姓尊贵，无可讥嫌"故。

四者道过。世间出世间道不摄摄②故，异道生相似法③故，如经"过一切世间道，入出世间道"故。

五者法体过。以大悲为体，于作他事即是己事，自身体相似法故，如经"住菩萨法中"故。

六者处过。不舍世间，方便不染，善巧住④故，住处相似法故，如经"住在菩萨正处"⑤故。

七者业过。顺空圣智⑥生命相似法故，如经"入三世真如法中"故。

八者毕定过。佛种不断，究竟涅槃道，成就相似法故，如经"如来种中，毕定究竟阿耨多罗三藐三菩提"故。如是示现凡夫生、菩萨生，入胎不相似⑦，有烦恼无烦恼故。如是次第家不相似、种姓不相似、道不相似、体不相似、处不相似、生业不相似、成就不相似。如是说住此地中是名为住。如经"菩萨住如是法，名住菩萨欢喜地，以不动法"故。

已说住义，次说释名。云何说多欢喜故示名欢喜。以何欢喜？此地中菩萨欢喜复以何念？初说十句，后说二十句。

注释

① **大乘行生**：大乘法集起一切助道之行，堪继佛位，如同王子堪继王位。

② **世间出世间道不摄摄**：是说不摄世间道，而摄出世间道。

③ **异道生相似法**：人道异于三恶趣，所以名为异道。出世间道超过世间道，与人道超越三恶道相似，所以说相似法。

④ **不舍世间、方便不染、善巧住**：不舍世间是不住涅槃，方便不染是不住世间，在而不染，所以名为方便。于世涅槃，寂用双依，名之为巧住。

⑤ **菩萨正处**：凡夫执着于有，小乘住于空寂，不着有不住寂便是菩萨正法，菩萨正法名为菩萨正处。

⑥ **顺空圣智**：冥心如道名为顺空，合空真照称为圣智。

⑦ **入胎不相似**：已入胎不似未入胎，如同菩萨已入位不似不入位。以下"不相似"均与此义同。

译文

经文：菩萨生此心时，立刻便超过凡夫境地，进入菩萨之位，便是生在佛家，种姓地位尊贵，无可挑剔，超过一切世间道，悟入出世间道，住菩萨法中，住在菩萨正处，入三世真如法中、如来种中，必定究竟无上菩提心。菩萨住于此法，名为住菩萨欢喜地，因为此地能不为烦恼所动。

论释：超过凡夫境地，是表明超过凡夫境地之后，便证入出世间圣道。此"超过"有八种：

一是入位过。初成出世间心而入菩萨位，如最初怀胎相似，如经所说"入菩萨位"。

二是家过。如同出生家中一样，所以经中说"生在佛家"。

三是种姓过。大乘法集起一切助道之行，可以继承佛位，如同王家所生王子可继王位一样，所以经中说"种姓地位尊贵，无可讥嫌"。

四是道过。不摄世间道，而摄出世间道。出世间道超过世间道，如同人道超过三恶道一样，所以经中说"超过一切世间道，进入出世间道"。

五是法体过。菩萨以大悲为体，普度众生，以利益众生为己任，利他即是自利，如同自己身体不可分割一样，正如经所说"住菩萨法中"。

六是处过。不舍世间，而又不为世间烦恼所染，于世涅槃，寂用双依，超过凡夫小乘，此是菩萨正处，如同人间天堂，所以经中说"住在菩萨正处"。

七是业过。顺空而得圣智，称之为业。冥心如道名为顺空，合空悟真名为得圣智。顺空圣智如同人之生命一样可贵，所以经中说"入三世真如法中"。

八是毕定过。不断佛种，最终证悟涅槃道，如同人之成长完美一样，所以经中说："如来种中，毕定究竟无上菩提心。"这是以凡夫之一生比喻菩萨之修成。凡夫已入胎不似未入胎，同样，菩萨已入位不似未入位，无烦恼不似有烦恼，名之为入位不相似。照此类推，则有家不相似、种姓不相似、道不相似、体不相似、处不相似、生业不相似、成就不相似。以上是解说住初地之"住"事，正如经中所说"菩萨住于此法，名为住菩萨欢喜地，因为此地能不为烦恼所动"。

已说"住"之含义，次说释名。为何说是多欢喜故，而说名为欢喜？因何而欢喜？另外，此地中菩萨出于何念而生欢喜？以下经文，初说十句，后说二十句。

原典

经曰：诸佛子，是菩萨住菩萨欢喜地中，成就多欢喜、多信敬、多爱念、多庆悦、多调柔、多踊跃、多堪受、多不坏他意、多不恼众生、多不瞋恨。

论曰：欢喜者，名为心喜、体喜、根喜。是欢喜有九种：

一者敬欢喜。于三宝中恭敬故。如经"多信敬"故。

二者爱欢喜。乐观真如法，如经"多爱念"故。

三者庆欢喜。自觉所证较量胜①，如经"多庆悦"故。

四者调柔②欢喜。自身心遍益成就，如经"多调柔"故。

五者踊跃欢喜。自身心遍益增上满足，如经"多踊跃"故。

六者堪受欢喜。自见至菩提近，如经"多堪受"故。

七者不坏欢喜。自心调伏，论义解，说时心不扰动，如经"多不坏他意"故。

八者不恼欢喜。教化摄取③众生时慈悲调柔，如经"多不恼众生"故。

九者不瞋欢喜。见诸众生不如说修行、威仪不正时，忍不瞋故，如经"多不瞋恨"故。

已说多欢喜，次说以何念故欢喜成。是第二十句，第三十句说。是念有二种：一念当得，二念现得。何者念当得？

注释

① **较量胜**:《明本》为较量胜。

② **调柔**:喜心转胜,充遍内外,身心无苦,离于忿恼,所以说是调柔。

③ **教化摄取**:原本为教化他摄取,今据《宫本》等删去"他"字。

译文

经文:诸位佛子,此菩萨住菩萨欢喜地中,生成多种欢喜,多信敬、多爱念、多庆悦、多调柔、多踊跃、多堪受、多不坏他意、多不恼众生、多不瞋恨。

论释:所谓欢喜,是指心喜、体喜、根喜。此欢喜有九种:

一是敬欢喜。恭敬佛、法、僧三宝,如经所说"多信敬"。

二是爱欢喜。乐观真如法,如经所说"多爱念"。

三是庆欢喜,自觉所悟殊胜,所以经中说"多庆悦"。

四是调柔欢喜。喜心转胜,充遍内外,身心无苦,远离忿恼,如经所说"多调柔"。

五是踊跃欢喜。遍益身心,无比满足,如经所说

"多踊跃"。

六是堪受欢喜。自知已接近菩提智慧,所以经中说"多堪受"。

七是不坏欢喜。自心调和平静,论议、解说时心不动摇,如经所说"多不坏他意"。

八是不恼欢喜。教化摄取众生时,慈悲调柔,如经所说"多不恼众生"。

九是不瞋欢喜。见众生不能依照教说修行、威仪不正,也能忍而不怒。如经所说"多不瞋恨"。

已说多种欢喜,次说出于何念而成欢喜,下第二十句、第三十句即说此念。此念有二种:一念当得,二念现得。何为念当得?

原典

经曰:诸佛子,菩萨住是欢喜地中,念诸佛故生欢喜心,念诸佛法故生欢喜心,念诸菩萨摩诃萨故生欢喜心,念诸菩萨所行故生欢喜心,念诸波罗蜜清净相故生欢喜心,念诸菩萨地较量胜故生欢喜心,念诸菩萨力不退故生欢喜心,念诸如来教化法①故生欢喜心,念能利益众生故生欢喜心,念入一切如来智行故生欢喜心。

论曰:云何念?如佛所得,我亦当得,如是念。此念佛有九种：

一者念佛法。如经"念诸佛法故生欢喜心"。

二者念佛菩萨。如经"念诸菩萨摩诃萨故生欢喜心"。

三者念佛行。如经"念诸菩萨所行故生欢喜心"。

四者念佛净。如经"念诸波罗蜜清净相故生欢喜心"。

五者念佛胜。如经"念诸菩萨地较量胜故生欢喜心"。

六者念佛不退。如经"念诸菩萨力不退故生欢喜心"。

七者念佛教化。如经"念诸如来教化法故生欢喜心"。

八者念佛利益。如经"念能利益众生故生欢喜心"。

九者念佛入。如经"念入一切如来智行故生欢喜心"。

于中初二念共念佛，如佛所得我亦当得故。念佛法、念诸佛法②故，佛、佛法二故。念佛菩萨二，念诸菩萨故，念佛行、念诸菩萨行故。如是次第余有六句：念佛净，念诸波罗蜜清净相故；念佛胜，念诸菩萨地较量胜故；念佛不退，念诸菩萨力不退故；念佛教化，念诸如来教化法故；念佛利益，念能利益众生故；念佛入，念入一切如来智行故。随所显彼菩萨行③，以何显如是诸念应知。复何显？彼波罗蜜净显。云何显？彼菩萨行地较量胜转去④故，地尽去⑤故。于中余者⑥得教化法故，作利益众生行不虚故，入如来地行⑦故。是中念佛行者，亦总亦别。

已说念当得故生欢喜心，次说念现得故生欢喜心。

注释

① **念诸如来教化法**：依《十地经论义记》，当为念得诸如来教化法。

② **念佛法、念诸佛法**：疑当为念佛、念诸佛法。

③ **随所显彼菩萨行**：即彼菩萨行随所显，意思是菩萨行随念佛而显。

④ **地较量胜转去**：指从初地乃至九地，行修依次转胜。

⑤ **地尽去**：指第十地位满上升。

⑥ **余者**：指经文中念诸如来教化法等最后三句。

⑦ **入如来地行**：指十地中受佛智职及大尽等，从初地乃至法云地，入佛境界而显相正，名为入如来地行。

译文

经文：诸位佛子，菩萨住此欢喜地中，念诸佛而生欢喜心，念诸佛法而生欢喜心，念诸菩萨而生欢喜心，念诸菩萨所行而生欢喜心，念诸波罗蜜的清净相而生欢喜心，念诸菩萨地殊胜而生欢喜心，念诸菩萨力不退转而生欢喜心，念得诸如来教化法而生欢喜心，念能利益众生而生欢喜心，念入一切如来智行而生欢喜心。

论释：如何是念？念即是思念佛之所得，我也应得到。此念佛有九种：

一是念佛法。如经所说"念诸佛法而生欢喜心"。

二是念佛菩萨。如经所说"念诸菩萨而生欢喜心"。

三是念佛行。如经所说"念诸菩萨所行而生欢喜心"。

四是念佛净。如经所说"念诸波罗蜜的清净相而生欢喜心"。

五是念佛胜。如经所说"念诸菩萨地殊胜而生欢喜心"。

六是念佛不退转。如经所说"念诸菩萨力不退转而生欢喜心"。

七是念佛教化。如经所说"念得诸如来教化法而生欢喜心"。

八是念佛利益。如经所说"念能利益众生而生欢喜心"。

九是念佛入。如经所说"念入一切如来智行而生欢喜心"。

其中第一、第二念都是念佛，思念佛之所得我也应得到。念佛法就是念诸佛法，佛与佛法是为二之故。念佛菩萨又有二：念诸菩萨，念佛行、念诸菩萨行。接下来有六句：念佛净，念诸波罗蜜的清净相；念佛胜，念诸菩萨地殊胜；念佛的不退转，念诸菩萨力的不退转；念佛的教化，念得诸如来教化的法；念佛利益，念能利益众生；念佛入，念入一切如来智行。这些是随菩萨行而显现，随以上诸念而显现。显现何物？显现涅槃清净相。如何而显？从初地乃至九地，行修依次转胜，到第十地位满上升，涅槃净相圆现而至于佛地。此中其余的最后三句是得教化法，作利益众生行不虚，入如来地行。其中的念佛行，既是总相，又是别相。

已说念当得而生欢喜心，次说念现得而生欢喜心。

原典

经曰：诸佛子，菩萨复作是念：我转离一切世间境界故生欢喜心，近入如来所故生欢喜心，远离凡夫地故生欢喜心，近到智慧地故生欢喜心，断一切恶道故生欢喜心，与一切众生作依止①故生欢喜心，近见一切诸佛故生欢喜心，生诸佛境界②故生欢喜心，入一切菩萨真如法③故生欢喜心，我离一切怖畏毛竖等事故生欢喜心。

论曰：我转离一切世间境界者，转离一切凡夫取着事。此转离有九种。一者入转离。如经"近入如来所故生欢喜心"；二者远转离。如经"远离凡夫地故生欢喜心"；三者近至转离。如经"近到智慧地故生欢喜心"；四者断转离。如经"断一切恶道故生欢喜心"；五者依止转离。如经"与一切众生作依止故生欢喜心"；六者近见转离。如经"近见一切诸佛故生欢喜心"；七者生转离。如经"生诸佛境界故生欢喜心"；八者平等转离。如经"入一切菩萨真如法故生欢喜心"；九者舍转离。如经"我离一切怖畏毛竖等事故生欢喜心"。

于中入转离者。显事不相似④故。远转离、近至转离者，示自身不相似⑤故。余有六句：断转离、依止转离、近见转离、生转离、平等转离、舍转离，如是次第行不相似⑥故、迭相依止不相似⑦故、他力不相似⑧故、处不相似⑨故、生业不相似⑩故、成就不相似⑪故。怖畏者，不爱、疑虑、忧想共心相应故。复身相差别，谓毛竖等事。

次说何者是怖畏，云何怖畏因，远离此因无怖畏故。

注释

① **依止**：依赖而不离。这里指菩萨慈悲益他，为众生之所依赖。

② **生诸佛境界**：依《十地经论义记》卷十二，世间涅槃，佛常游处，名为佛境界。依此发起不助道行名为生。

③ **入一切菩萨真如法**：依《十地经论义记》卷十二，空是真如法。菩萨所证就人显法名为菩萨真如法。证会名为入。

④ **事不相似**：指佛法为事，不似凡夫六尘之事。

⑤ **身不相似**：指菩萨智慧身不似凡夫之识身。

⑥ **行不相似**：指断转离。出世净行不似凡夫恶道行。

⑦ **迭相依止不相似**：指依止转离。悲依生起，还为物依，名为迭相依止。异此不能作依止，名为不相似。

⑧ **他力不相似**：指近见转离。上得如来助道行力，不似未得。

⑨ **处不相似**：指生转离。生诸佛境界处，不似其他处。

⑩ **生业不相似**：指平等转离。入菩萨真如法与未入不相似。

⑪ **成就不相似**：指舍转离。摆脱一切怖畏，成就胜德，与未成就胜德不相似。

译文

经文：诸位佛子，菩萨又作此念：我转离一切世间境界而生欢喜心，近入如来处所而生欢喜心，远离凡夫地而生欢喜心，近到智慧地而生欢喜心，断除一切恶道而生欢喜心，与一切众生作依止而生欢喜心，近见一切诸佛而生欢喜心，生诸佛境界而生欢喜心，入一切菩萨真如法而生欢喜心，我离一切怖畏毛竖等事而生欢喜心。

论释：所谓转离一切世间境界，是指转离一切凡夫所执着之事。此转离有九种：一是入转离。如经所说"近入如来处所而生欢喜心"；二是远转离。如经所说"远离凡夫地而生欢喜心"；三是近至转离。如经所说"近到智慧地而生欢喜心"；四是断转离。如经所说"断除一切恶道而生欢喜心"；五是依止转离。如经所说"与一切众生作依止而生欢喜心"；六是近见转离。如经所说"近见一切诸佛而生欢喜心"；七是生转离，如经所说"生诸佛境界而生欢喜心"；八是平等转离。如经所说"入一切菩萨真如法而生欢喜心"；九是舍转离。如经所说"我离一切怖畏毛竖等事而生欢喜心"。

其中入转离，显示事不相似，指佛法与凡夫六尘之事不相似。远转离、近转离，则表示自身不相似，菩萨智慧身不似凡夫之识身。其余有六句：断转离、依止转离、近见转离、生转离、平等转离、舍转离，依次是行不相似、迭相依止不相似、他力不相似、处不相似、生业不相似、成就不相似。所谓怖畏，是指不爱、疑虑、忧想与心相应。又所谓身相的差别就是毛竖等事。

其次说什么是怖畏，什么是怖畏之因，如何远离此因而无怖畏。

原典

经曰：所以者何？是菩萨摩诃萨得欢喜地已，所有诸怖畏即皆远离。所谓不活畏①、恶名畏②、死畏③、堕恶道畏④、大众威德畏⑤，离如是等一切诸畏。何以故？是菩萨离我想故，尚不贪身，何况所用之事，是故无有不活畏。心不悕望供养恭敬，我应供养一切众生，供给一切所需之具，是故无有恶名畏。远离我见，无我想故，无有死畏。又作是念：我若死已，生必不离诸佛菩萨。是故无有堕恶道畏。"我所志乐，一切世间身心无与等者，何况有胜"。是故无有大众威德畏。诸佛子，菩萨如是离诸怖畏毛竖等事。

论曰：此五怖畏是初地障。复说地利益胜。是五怖畏，第一、第二、第五依身、口、意，第三、第四依身。依身者，爱憎善道、恶道，舍得依身故。何故但说五怖畏？打缚等诸畏皆五所摄故。此怖畏因略有二种：一邪智、妄取想、见、爱着⑥故；二善根微少故。此对治如经"离我想故，尚不贪身"乃至"无有大众威德畏"故、"怖畏毛竖等事"。何故二处说？前说身怖畏，后说异身怖畏⑦故。

注释

① **不活畏**：是指人虽行布施，但又惧怕自己不能生活，所以往往不能尽施其所有。五畏之一。

② **恶名畏**：是指畏惧人讥谤。五畏之一。

③ **死畏**：是指怕死而不能舍身命。五畏之一。

④ **堕恶道畏**：是指害怕死后堕入三恶道。五畏之一。

⑤ **大众威德畏**：是指在大众中或有威德者之前，惧怕自己言行有失，而不能善解法义、作狮子吼。五畏之一。

⑥ **想、见、爱着**：想即我想或我相，指凡夫以我为实有。见即我见，执着实我实法之见。爱着是执着于爱欲。

⑦ **异身怖畏**：指身怖畏所现之种种差别相，异身并非身外之义。

译文

经文：这是为什么？因为此菩萨进入欢喜地之后，所有怖畏即皆远离。所谓怖畏，即是不活畏、恶名畏、死畏、堕恶道畏、及大众威德畏，得入欢喜地，即离此等一切诸畏。为何能离此诸畏？此菩萨离于我想，己身尚且不贪，何况身外之物，所以无有不活畏。心不希望得到供养恭敬，只想自己应该供养一切众生、供给一切所需之具，所以无有恶名畏。远离我见，无有我想，所以无有死畏。此菩萨又作此念：我死之后，来生必不离诸佛菩萨。所以无有堕恶道畏。"我所志乐，一切世间身心无与等比，何况更有胜于此"。所以无有大众威德畏。诸位佛子，菩萨这样便离诸怖畏毛竖等事。

论释：此五怖畏是入初地之障。经文中又说了除五畏入初地之殊胜利益。此五怖畏之中，第一、第二、第五依身、口、意，第三、第四依身。所谓依身，是指爱憎善道、恶道等，离五怖畏即是舍得依身。为何只说五怖畏？怖畏虽有多种，但综括起来，皆可纳入此五畏。此怖畏之因大略有二种：一为邪智、妄取、我想、我见、爱着；二为善根微少。这个的对治是，应如经所说"离于我想，己身尚且不贪，乃至无有大众威德之畏"、

"无有怖畏毛竖等事"。为何要分说怖畏与毛竖等事？因为前是说身怖畏，后说怖畏之表相。

原典

经曰：诸佛子，是菩萨以大悲为首，深大心坚固，转复勤修一切善根成就故。

论曰：深大心坚固者，烦恼小乘不能坏此观故。转复勤修一切善根成就者，诸所说善根此地摄受故。云何勤修？于中有三种成就：一信心成就；二修行成就；三回向成就。有三十句示现，初十句说信心成就。

译文

经文：诸位佛子，此菩萨以大悲为首，深心大心坚固，而且精勤修行，成就一切善根。

论释：所谓深心大心坚固，是说其对佛法的观照，不为烦恼小乘所破坏。所谓精勤修行，成就一切善根，是指所说诸善根皆在此地得以摄受。何为勤修？其中有三种成就：一信心成就，二修行成就，三回向成就。有三十句来说明三种成就，前十句说信心成就。

原典

经曰：所谓信心增上①故，多恭敬故，信清净故。多以信分别②故，起悲愍心故，成就大慈故，心无疲懈故。以惭愧庄严③故，成就忍辱安乐故，敬顺诸佛教法，信重尊贵故。

论曰：信心增上者，随所有事于中信增上成就。此信增上有九种：

一者敬信增上。尊敬三宝。如经"多恭敬"故。

二者净信增上。自证真净智，如经"信清净"故。

三者分别信增上。令他证净智，如经"多以信分别"故。

四者悲信增上。

五者慈信增上。教化众生，如经"起悲愍心"故，"成就大慈"故。悲者除苦相④，决定救济故。慈者与乐相，永与无量乐故。起者转复现前故。

六者不疲惓信增上。教化无量众生，久处世间，能利益故。如经"心无疲懈"故。

七者惭愧信增上。不着世间故，于悭⑤等波罗蜜障法深惭愧故，如经"以惭愧庄严"故。

八者安乐信增上。于同法者⑥不恼乱故，如经"成就忍辱安乐"故。

九者敬法信增上。增益敬信殊胜心故，如经"敬顺诸佛教法，信重尊贵"故。后三句示修何等行？波罗蜜行故。谁为等侣⁷？同事安乐故。入何法中？谓诸佛教法故。如是信心成就。

云何修行成就？

注释

① **信心增上**：信心至深，决定不疑。
② **分别**：思量、计度。
③ **庄严**：法身殊好，不着世间。
④ **除苦相**：除苦之能。
⑤ **悭**：悭吝，指不愿施舍财物，或不肯施法教人。
⑥ **同法者**：同行法者。
⑦ **等侣**：同类人，同道者。

译文

经文：所谓信心增上，就是多恭敬，信清净。多以信心分别思量，能起悲愍心，成就大慈心，此心无疲懈。因有惭愧心、庄严相，所以能成就忍辱安乐，敬顺诸佛教法，信重尊贵。

论释：所谓信心增上，就是随所遇之事，皆能相信佛之教化，成就至上信心。信增上有九种：

一为敬信增上。尊敬佛、法、僧三宝，如经所说"多恭敬"。

二为净信增上。自能证悟真如净智，如经所说"信清净"。

三为分别信增上。常以己之信心，思量救度众生，令他证悟净智，如经所说"多以信心分别"。

四为悲信增上。

五为慈信增上。善巧教化众生，如经所说"起悲愍心"，"成就大慈"。所谓悲，是以除苦之心及除苦之能，决意救济众生。所谓慈，是能与为乐，永与众生作无量乐。"起悲愍心"之"起"，是转复现前之意。

六为不疲倦信增上。教化无量众生，久处世间。常作益事，如经所说"心无疲懈"。

七为惭愧信增上。不着世间相，对于悭吝等涅槃障法深感惭愧，如经所说"以惭愧庄严"。

八为安乐信增上。对于同行佛法者不忧不恼，如经所说"成就忍辱安乐"。

九为敬法信增上。增强敬信殊胜之心，如经所说"敬信诸佛教法，信重尊贵"。后三句分别说明：一修何种行？是修波罗蜜行；二谁为同道者？同事安乐之人；

三入何法中？入诸佛教法。这便是信心成就。

什么是修行成就？

原典

经曰：日夜修集善根，无厌足故，亲近善知识故，常爱乐法故。求多闻无厌故，如所闻法正观①故，心不贪着故。不着利养、名闻、恭敬故，不求一切资生之物故，常生如宝心②无厌足故。

论曰：此十句说修行成就。云何修行成就？集诸善根无休息故，如经"日夜修集善根，无厌足"故。此集有八种：

一者亲近集。不忘诸法③，如经"亲近善知识"故。

二者乐法集。于问答中论义解释心喜、心乐故，如经"常爱乐法"故。

三者多闻集。如经"求多闻无厌"故。

四者正观集。如经"如所闻法正观"故。

五者不着集。如经"心不贪着"故。向说多闻集等三句，是闻思修慧如是次第。不著者，于三昧中无爱着故。

六者不贪集。

七者不求集。于已得利养不贪，未得利养不求。障菩萨戒退菩萨戒④，如经"不着利养、名闻、恭敬"故，

"不求一切资生之物"故。

八者如宝心集。出世间心念念现前,如经"常生如宝心无厌足"故。如是修行成就。

云何回向成就?

注释

① **正观**：相对于邪观而言，以正慧了知真如称为正观。

② **如宝心**：依《宫本》等诸本，当为如实心，即契合于真如实理之心。下文中如宝心同此。

③ **不忘诸法**：指求法之心时刻不废忘。

④ **障菩萨戒退菩萨戒**：依《十地经论义记》卷十二，贪于已得着心重，所以说障菩萨戒；求于未得，其过失较轻，所以说退菩萨戒。

译文

经文：日夜修集善根，永不满足，亲近善友，经常爱乐佛法，多闻无厌，真正领悟所闻大法，心不贪着外物，不着利养、名闻、恭敬，不求一切资生之物，常生如实心无有满足。

论释：此十句是说修行成就。什么是修行成就？就是无休无止地集诸善根，如经所说"日夜修集善根，永不满足"。集诸善根有八种：

一是亲近集。求法之心时刻不忘，如经所说"亲近善友"。

二是乐法集。在问答中论说解释佛法，心喜、心乐，如经所说"经常爱乐佛法"。

三是多闻集。如经所说"多闻无厌"。

四是正观集。如经所说"真正领悟所闻大法"。

五是不着集。如经所说"心不贪着"。以上所说多闻集、正观集、不着集，依次是闻、思、修三慧。所谓不着，是说在三昧中无爱着。

六是不贪集。

七是不求集。对已得利养不因贪着而障菩萨戒，对未得利养不因追求而退菩萨戒，如经所说"不着利养、名闻、恭敬"，"不求一切资生之物"。

八是如实心集。出世间心念念常现，如经所说"生如实心不厌足"。这便是修行成就。

什么是回向成就？

原典

经曰：求一切智地故，求诸佛力无畏①不共法②故，求诸波罗蜜③无着法故，离诸谄曲故，如说能行故，常护实语故，不污诸佛家故，不舍菩萨戒故，不动如大山王生萨婆若④心故，不舍一切世间事，成就出世间道故，集助菩提分法⑤无厌足故，常求上上胜道故。诸佛子，菩萨摩诃萨成就如是净治地法，名为安住菩萨欢喜地。

论曰：求一切智地等说何等事？示现回向⑥成就故。求一切智地是总，求如来力等于一切智地是别。一者观求一切智地，二者无障求一切智地，三者离求一切智地故，四者如说能行求一切智地，五者护求一切智地，六者不污求一切智地，七者不舍求一切智地，八者不动求一切智地，九者不舍成就求一切智地，十者集求一切智地，十一者常求求一切智地。

于中求何等事？求一切智地故；以何观求？观诸佛力无畏不共法故；云何求？求诸波罗蜜无着法故。此三求者是家⑦、依家⑧、无障求⑨。故云何求求诸波罗蜜无着法故此无障求差别异求⑩。

于中檀波罗蜜⑪有二种垢：一者谄曲，见乞求者，诈设方便无心许与。二者不随先言，许而不与。对治是垢，如经"离诸谄曲"故，"如说能行"故。

尸波罗蜜^⑫有一种垢：不护实语，违本所受^⑬，犯已覆藏^⑭。对治是垢，如经"常护实语"故。

羼提波罗蜜^⑮有一种垢：污如来家。云何菩萨污如来家？恼乱他业故，利益他业即是如来家。是故菩萨生此家者，恼乱他业非善事故。对治是垢，如经"不污诸佛家"故。

毗梨耶波罗蜜^⑯有一种垢：菩萨戒无量劫数长远难持难行，生退转心。对治是垢，如经"不舍菩萨戒"故。

禅波罗蜜有二种垢：一者乱心^⑰，二不能调伏忆想^⑱分别。对治是垢，如经"不动如大山王生萨婆若心"故。

般若波罗蜜有三种垢：一无善巧方便。世间涅槃一向不现现^⑲故；二不修集。出出世间道故；三于胜上证法中愿欲心薄故。如是次第对治是垢，如经"不舍一切世间事，成就出世间道"故；"集助菩提分法无厌足"故；"常求上上胜道"故。

如是回向成就，是名勤行具足成就。是勤行有四种：一信，二欲，三精进，四方便。初十句示现信增上成就，是信增上即摄受欲。第二十句，日夜修集善根无厌，示现精进。第三十句，求一切智地，示现方便故。是名此地说中安住。何以故？如经"诸佛子，菩萨摩诃萨成就如是净治地法，名为安住菩萨欢喜地"故。

如是说分讫。

注释

① **力无畏**：指如来十种智力及四种无畏。

② **不共法**：指凡夫及二乘所不具备的殊胜功德法。

③ **诸波罗蜜**：指菩萨到达涅槃境地所必备的六种胜行或十种胜行。六种胜行是布施、持戒、忍辱、精进、禅定、智慧。十种胜行是此六种之外再加方便善巧、愿、力、智四种。

④ **萨婆若**：一切智，即佛智。

⑤ **菩提分法**：指四念住、四正勤、四如意足、五根、五力、七觉支、八正道等三十七种追求智慧的修行方法。

⑥ **回向**：以自己所修之善根功德，回转给众生，并使自己趋入佛道。

⑦ **家**：一切智地是所求处，名之为家。

⑧ **依家**：指于一切智中分别观察十力、四无畏等。

⑨ **无障求**：即求波罗蜜无着法。

⑩ **故云何求求诸波罗蜜无着法故此无障求差**：依《宫本》等诸本无此十八字，但在"别"字之上有一"着"字。但依文意，疑以上十八字及以下"着""别异求"皆是衍文。

⑪ **檀波罗蜜**：即六波罗蜜中之布施波罗蜜。

⑫ **尸波罗蜜**：即六波罗蜜中之持戒波罗蜜。

⑬ **违本所受**：不能护守当初受戒时所发"能持"之言。

⑭ **犯已覆藏**：不护覆藏，犯戒妄语。

⑮ **羼提波罗蜜**：即六波罗蜜中之忍辱波罗蜜。

⑯ **毗梨耶波罗蜜**：即六波罗蜜中之精进波罗蜜。

⑰ **乱心**：指事中攀缘不定。

⑱ **忆想**：指内情妄取。

⑲ **世间涅槃一向不现现**：意思是，或于世间一向不现，涅槃中现，此同于二乘；或于涅槃一向不现，世间中现，此同凡夫。此二"一向"，皆无善巧方便。

译文

经文：求一切智地，求诸佛十种智力、四无所畏等殊胜法，求诸波罗蜜无着法，离诸谄曲，如说能行，常护实语，不玷污诸佛家，不舍菩萨戒，不动如大山王而生大智慧心，不舍一切世间事，成就出世间道，善集诸种修行方法而不懈，以助成菩提智慧，常求上上胜道。诸位佛子，菩萨如此成就净治地法，便是安住菩萨欢喜地。

论释："求一切智地"等语是说何等事？是说回向成就。经中"求一切智地"是总括地说，求如来十力、四无畏等是分别来说。具体分别有十一种：一观求一切智地，二无障求一切智地，三离求一切智地，四如说能行求一切智地，五护求一切智地，六不污求一切智地，七不舍求一切智地，八不动求一切智地，九不舍成就求一切智地，十集求一切智地，十一常求求一切智地。

首先说求何等事？是求一切智地；接着说如何观求？即观求诸佛十种智力、四无所畏等殊胜法；观求何物？即求诸波罗蜜无着法。此三求分别是家、依家、无障求。一切智地是所求正处，所以求一切智名之为家求；于如来一切智中分别观察十力、四无畏是依家求；求诸波罗蜜无着法是无障求。波罗蜜无着法，是菩萨到达涅槃境地的胜妙行法。

诸波罗蜜中，布施波罗蜜有二种垢染：一是谄曲，见到乞求者，编造谎言，不肯施与；二是先答应施与，而后不与。对治此等垢染的方法，正如经中所说"离诸谄曲"，"如说能行"。

持戒波罗蜜有一种垢染：不护守实语，违背本来所发"能持"之言而犯戒，不护覆藏而犯戒妄语。对治此种垢染的方法，正如经中所说"常护实语"。

忍辱波罗蜜有一种垢染，即玷污如来家。为何说菩萨玷污如来家？因为恼乱他业。如果利益他业，便是如来家。所以菩萨生于此家，恼乱他业决非善事。对治此种垢染的方法，正如经中所说"不玷污诸佛家"。

精进波罗蜜有一种垢染：菩萨戒无量劫数长远难持难行，生退转之心。对治此垢的方法，正如经中所说"不舍菩萨戒"。

禅定波罗蜜有二种垢染：一是事中攀缘，心神不定，二是妄取分别，内情难调。对治此垢的方法，正如经中所说"不动如大山王而生大智慧心"。

般若（智慧）波罗蜜有三种垢染：一是无善巧方便，或于世间一向不现而涅槃中现，或于涅槃一向不现而世间中现，即同于二乘或同于凡夫；二是不修集诸善，不得出世间道；三是愿欲心薄，不能常求胜上证法。对治此等垢染的方法，依次如经中所说"不舍一切世间事，成就出世间道"；"善集诸种修行方法而不懈，助成菩提智慧"；"常求上上胜道"。

以上便是回向成就，又名之为勤行具足成就。此勤行有四种：一信，二欲，三精进，四方便。前十句说明信增上成就，此信增上即包摄受欲。第二个十句是日夜修集善根无厌足，说明精进。第三个十句是求一切智地，说明方便。这便是此地中所说的安住。为何说是安住？正如经中所说"诸位佛子，菩萨成就如此净治地法，便是安住菩萨欢喜地"。

以上已说完此分了。

3　卷三——初地欢喜地之三

原典

经曰：诸佛子，菩萨决定发如是诸大愿①已，则得调顺心、柔软心，如是则成信者。信诸佛如来本所行②入，集诸波罗蜜而得增长，善成就诸地，具足无畏力③，不共佛法不坏故。不可思议佛法，无中无边④，如来境界起，无量行门，诸如来境界入。信成就果。举要言之，信一切菩萨行，万至得如来智地，说加故。

论曰：发如是诸大愿已，则得调顺心者，彼诸善根中得自在胜故。柔软心者，得胜乐行⑤故。如是则成信者。于中本行人者，从菩萨行入，乃至成菩提觉故。于中信菩萨行所摄本行人有二种相：一云何菩萨行？二云何次第成？如经"集诸波罗蜜而得增长"故，"善成就诸地"故。

此菩提所摄本行入有六种胜，是故信胜。一者外道、魔怨、声闻缘觉对治等胜。如经"具足无畏力，不共佛法不坏"故；二者不思议神通力上胜。如经"不可思议佛法"故；三者不杂染胜。如经"无中无边，如来境界起"故；四者一切种智胜。如经"无量行门，诸如来境界入"故；五者离胜。一切烦恼习常远离故，如经"信成就果"故。

复略说彼菩萨本行人示现。如经"举要言之，信一切菩萨行，乃至得如来智地，说加"故。说者所说，加者得证故。此菩萨三种观，于诸众生起大慈悲：一远离最上第一义乐[6]，二具足诸苦[7]，三于彼二颠倒[8]。

云何远离最上第一义乐？

注释

① **如是诸大愿**：指上文（省略部分）所说十大愿：一、无余一切诸佛，一切供养，一切恭敬；二、一切诸佛所说法轮皆悉受持；三、一切成佛，无余一切世界住处；四、心得增长；五、教化众生；六、知一切世界之无量差别；七、一切佛土平等清净；八、与一切菩萨同心同行；九、乘不退轮，行菩萨行，身口意业益物

不空；十、起大乘行，成大菩提。

②**本所行**：即本行，指菩萨所修之行法，为成佛之因。

③**无畏力**：指四无畏和十力。

④**无中无边**：《十地经论义记》卷十五说，无中无边可从两个方面解释：一就染净法相解释，生死为此边，涅槃为彼边，圣道为中。观生死本性不有，则无此边，涅槃如故，亦无彼边，两边既无，圣道亦寂，所以无中；二就有无法理辩释，有为此边，无为彼边，非有非无即是中。有即非有，所以无此边，无即非无，所以无彼边，两边既泯，中亦不存。

⑤**胜乐行**：内证怿神名为信乐行。

⑥**远离最上第一义乐**：涅槃之乐，乐中精极，殊胜无加，所以名为最上第一义乐。众生远离此第一义乐，甚可愍念，所以菩萨起大悲心。

⑦**具足诸苦**：指众生具足生死诸苦，甚可怜愍，所以菩萨起大悲心，以拔众苦。

⑧**彼二颠倒**：指迷谬颠倒于苦乐二法，认苦为乐，乐处计苦，不离凡夫迷情，所以可慈可悲。

译文

经文：诸位佛子，菩萨发下如此诸大愿之后，则得调顺心、柔软心，这样便成为信者。相信诸佛如来的本所行入，集诸波罗蜜而得增长，善能成就诸地，四种无畏、十种智力具足完备，殊胜佛法不退不坏。佛法不可思议，既无中间又无边际，如来境界由此而起，无量行门，皆入如来境界，信成而得果。简要地说，即是信一切菩萨行，乃至得如来智地果，这是由于说加。

论释："发如此诸大愿之后则得调顺心"，是说于信等诸善根中得殊胜自在。得"柔软心"，是说因证得胜法而心旷神怡。这样便成信者。其中所谓本行入，是从菩萨行入，乃至成菩提正觉。其中信菩萨行，包摄本行入，有二种相：一、何为菩萨行？即如经中所说"集诸波罗蜜而得增长"。二、如何渐次修成？如经中所说"善成就诸地"。

菩提正觉包摄本行入之六种胜果，称为信胜。一是四无畏对治外道，十力对治魔怨，殊胜佛法对治声闻缘觉。如经中所说"具足无畏、力、不共佛法不坏"；二是不思议神通力殊胜。如经中所说"不可思议佛法"；三是不杂染胜。如经中所说"无中无边，如来境界由此而起"；四是一切种智胜。如经中所说"无量行门，皆入如来境界";五是离胜。一切烦恼习常远离,如经中所说"信成而得果"。

又略说此菩萨本行入的示现,如经所说"简要地说,即是信一切菩萨行,乃至得如来智地果的说加"。"说加"之"说",是指佛所说化他教法;"说加"之"加",是指得佛教化而证十地智,终得菩提果。此菩萨有三种观,对于众生起大慈悲:一远离最上第一义乐,二具足诸苦,三于彼二颠倒。

何为远离最上第一义乐?

原典

经曰:诸佛子,彼菩萨作是念:诸佛正法如是甚深,如是寂静,如是寂灭,如是空,如是无相,如是无愿,如是无染,如是无量,如是上。此诸佛法如是难得。

论曰:诸佛正法如是甚深者有九种:一寂静甚深,二寂灭甚深,三空甚深,四无相甚深,五无愿甚深,六无染甚深,七无量甚深,八上甚深,九难得甚深。

寂静者,离妄计实有①故,妄计正取②故。寂灭者,法义定③故。空、无相、无愿者,三障对治解脱门观故。何者三障?一分别,二相,三取舍愿故。无染者,离杂染法观故。无量者,不可算数不可思量生善根观故。上者，依自利、利他增上智观故。难得者，三阿僧祇劫证智观④故。

云何具足诸苦？

注释

① **妄计实有**：法本无体，而妄加计度，以之为实有。

② **妄计正取**：集用实无，而妄加计度，取非为是。

③ **法义定**：指用合于体。

④ **三阿僧祇劫证智观**：据《十地经论义记》卷十五，种姓以上至初地是一阿僧祇，初地以上至第八地是二阿僧祇，八地至佛地是三阿僧祇。如来觉照名为证智观。

译文

经文：诸位佛子，那菩萨心生此念：诸佛正法如此甚深，如此寂静，如此寂灭，如此空，如此无相，如此无愿，如此无染，如此无量，如此最上。此诸佛法如此难得。

论释：诸佛正法如此甚深，甚深有九种：一寂静甚深，二寂灭甚深，三空甚深，四无相甚深，五无愿甚深，六无染甚深，七无量甚深，八最上甚深，九难得甚深。

所谓寂静，是远离妄计实有、妄计正取。所谓寂灭，是用合于体。所谓空、无相、无愿，是对治三障之解脱观。何为三障？即一分别，即妄想心体；二相，即依心起虚伪相、虚伪事；三取舍愿，即依相而生分别取舍之心。因此三者为舍愿之故。灭除此三障，便入解脱门。所谓无染，指惑障俱尽，智无垢浊。所谓无量，指佛果万德，不可计量不可思量，集诸善根，得佛智地。所谓最上，指智慧无上，自利利他，更莫能过。所谓难得，是说佛理幽微，修途长途，非积时累劫，无由得证。

何为具足诸苦？

原典

经曰：而诸凡夫心堕邪见，为无明痴暗蔽其意识，常立憍慢①幢，堕在念欲渴爱②网中，随顺谄曲③林，常怀嫉妒，而作后身④生处因缘。多集贪欲瞋痴，起诸业行，嫌恨猛风吹罪心火，常令炽燃。有所作业，皆与颠倒相应。随顺欲漏、有漏、无明漏⑤，相续起心意识种子⑥。

论曰：而诸凡夫心堕邪见者，邪见有九种：一者蔽意邪见。如经"为无明痴暗蔽其意识"故；二者憍慢邪见。如经"常立憍慢幢"故；三者爱念邪见。如经"堕在念欲渴爱网中"故；四者谄曲心邪见。如经"随顺谄曲林"故；五者嫉妒行邪见。如经"常怀嫉妒，而作后身生处因缘"故；六者集业邪见。如经"多集贪欲瞋痴，起诸业行"故；七者吹心炽燃邪见。如经"嫌恨猛风吹罪心火，常令炽燃"故；八者起业邪见。如经"有所作业，皆与颠倒相应"故；九者心意识种子邪见。如经"随顺欲漏、有漏、无明漏，相续起心意识种子"故。是中蔽意邪见、憍慢邪见、爱念邪见，此三邪见依法义妄计⑦。

如是次第，谄曲心邪见、嫉妒行邪见，此二邪见于追求时心行过故。嫉者于身起邪行故，妒者于资财等，是故生生之处堕卑贱中，形貌鄙陋资生不足故。第六集业邪见。受诸受时憎爱彼二颠倒境界故；第七吹心炽燃邪见。于怨恨时互相追念，欲起报恶业故；第八起业邪见。于作恶时迭相加害故；第九心意识种子邪见，于作善业时所有布施持戒、修行善根等业，皆是有漏故。

注释

① **憍慢**：执着有我，自高凌物。
② **念欲渴爱**：贪爱外物，希求如渴。

③ **谄曲**：外相诈善名为谄，内无诚实名为曲。

④ **后身**：来世之身。

⑤ **漏**：即烦恼。烦恼如疮漏，所以喻为漏。欲漏指欲界除无名之外的一切烦恼；有漏指色、无色界中除无明之外的一切烦恼；三界无明为无名漏。

⑥ **心意识种子**：据《十地经论义疏》卷三及《十地经论义记》卷十五，经中多说业为种子，是相对于苦乐之相而言；此处以心意识为种子，是就因缘体性或本性而言，一切生死皆由心起。但《义记》以六识统说为心意识，《义疏》则说识为第七识与第六识合为心意识，是生死根源。

⑦ **依法义妄计**：据《十地经论义记》卷十五，蔽意邪见是依法妄计，指无明地迷覆真法，妄有所取。憍慢邪见、爱念邪见是依义妄计，即迷于世谛因缘之义，妄立我人，爱念我所。

译文

经文：然而诸凡夫心堕邪见，其意识被无明痴暗所蒙蔽，常生憍慢心，执着有我，自高凌物，堕在念欲渴爱网中，贪爱外物，希求如渴；随顺谄曲之林，诈善无诚，常怀嫉妒，因而作成来世生处之因缘。多集贪欲瞋痴，而起诸种业行，嫌恨之情如猛风，常吹罪恶心火，令其炽燃。所作业行，皆是违背正理。随顺欲漏、有漏、无明漏，诸种烦恼相续不绝，而起心意识种子。

论释：所谓凡夫心堕邪见，其邪见有九种：一是蔽意邪见。如经所说"其意识被无明痴暗所蔽"；二是憍慢邪见。如经所说"常生憍慢心"；三是爱念邪见。如经所说"堕在念欲渴爱网中"；四是谄曲心邪见。如经所说"随顺谄曲之林"；五是嫉妒行邪见。如经所说"常怀嫉妒，因而作成来世生处之因缘"；六是集业邪见。如经所说"多集贪欲瞋痴，而起诸种业行"；七是吹心炽燃邪见。如经所说"嫌恨之情如猛风，常吹罪恶心火，令其炽燃"；八是起业邪见。如经所说"所作业行，皆是违背正理"；九是心意识种子邪见。如经所说"随顺欲漏、有漏、无明漏，诸种烦恼相续不绝，而起心意识种子"。其中蔽意邪见、憍慢邪见、爱念邪见，这三邪见是由于妄计法义而起。无明迷覆真法，妄有所取，而生蔽意邪见；迷于世谛因缘之义，妄立我人，爱念外物，而生憍慢邪见与爱念邪见。

以下依次是谄曲心邪见、嫉妒行邪见，此二邪见是在追求自我或追求外物时，心行产生过错。嫉是对身起邪行，妒是对资财等起邪行，因此轮回转生时堕在卑贱处，形貌鄙陋，生活困乏。第六是集业邪见。感受外境时，憎爱常颠倒；第七是吹心炽燃邪见。在怨恨时互相憎念，欲以恶行相报；第八是起业邪见。在作恶时相互加害；第九是心意识种子邪见。因为在作善业时，布施、持戒、修行善根等业，皆是依有漏而生起的缘故。

原典

经曰：于三界地复有芽生，所谓名色共生①不离。此名色增长已，成六入②聚。成六入已，内外相对生触。触因缘故生受，深乐受故生渴爱，渴爱增长故生取，取增长故复起后有，有因缘故有生老死忧悲苦恼。如是众生，生长苦聚，是中皆空，离我、我所，无知无觉，如草木石壁，又亦如响。然诸众生不知不觉而受苦恼。

论曰：是中因缘有三种：一自相。从"复有芽生，乃至于有"；二同相。谓生老病死等过；三颠倒相，离我、我所等。自相者有三种：一者报相。名色共阿黎耶识生。如经"于三界地复有芽生，所谓名色共生"故。名色共生者，名色共彼生故。二者彼因相。是名色不离彼，依彼共生故，如经"不离"故。三者彼果次第相。从六入乃至于有，如经"此名色增长已，成六入聚。成六入已，内外相对生触。触因缘故生受，深乐受故生渴爱，渴爱增长故生取，取增长故复起后有，有因缘故有生老死忧悲苦恼。如是众生，生长苦聚"故。

是中离我、我所者，此二示现空。无知无觉者，自体无我故。彼无知无觉，示非众生数动不动事，如经"如草木石壁，又亦如响"故，因缘相似相类法③故。云何于彼二颠倒，如经"然诸众生不知不觉而受苦恼"故。

注释

①**复有芽生，所谓名色共生**：据《十地论义疏》卷三及《十地经论义记》卷十六，前说诸种邪见成业因，今明邪行之报果。报果之生如草木，所以说芽生。名色是报果之名。报果依真识（阿梨耶识）而生，所以说是共生。

②**六入**：指眼、耳、鼻、舌、身、意六根（内六入），或色、声、香、味、触、法六境（外六入）。六根六境互相摄入而生六识。

③**相似相类法**：指因缘诸法其体空寂，离妄想心识而无知无觉，诸法有动有不动，动而无知与草木相似，不动无知与石壁相似，动与不动皆无知，所以皆如无声之响相似。

译文

经文：于欲界、色界、无色界三界地更有名色萌生，即所谓名色共生不离。此名色增长，而成六入之聚。成六入之后，内六入与外六入相对而生触。触为因缘而生受，深乐于受而生渴爱，渴爱增长而生取，取增长而更起后有，有因缘而有生老死忧悲苦恼。众生如此生长苦聚，其中皆空，既无主体之我，又无客体之我所，无知无觉，如同草木石壁，又如无声之响。然而，诸众生对此不知不觉，所以受尽苦恼。

论释：此中所说因缘有三种：一自相。从"更有名色萌生"，乃至于"有"；二同相。即生老病死等过程；三颠倒相。离我、我所等。自相有三种：一为报相。名色共阿梨耶识而生，如经所说"于三界地更有名色萌生，即所谓名色共生"。所谓名色共生，即名色共阿梨耶识生；二为彼（阿梨耶识）因相。此名色不离彼（阿梨耶识），依彼（阿梨耶识）共生，正如经中所说"不离"；三为其果依次之相。从六入乃至于有，如经所说"此名色增长，而成六入之聚。成六入之后，内六入与外六入相对而生触。触为因缘而生受，深乐于受而生渴爱，渴爱增长而生取，取增长而更起后有，有因缘而有生老死忧悲苦恼。众生如此，生长苦聚"。

经中所谓离我、我所，是表示二者皆空。所谓无知无觉，是说自体无我，并非众生一般所说之动或不动，如经所说"如同草木石壁，又如无声之响"，因缘诸法其体空寂，离妄想心识而无知无觉，动而无知与草木相似，不动无知与石壁相似，动与不动，皆似无声之响。为何于彼二（最上第一义乐与十二因缘之苦）成颠倒？如经所说，是由于"诸众生对此不知不觉，所以受尽苦恼"。

原典

经曰：菩萨如是见诸众生不离苦聚，是故即生大悲智慧："是诸众生，我应教化令住涅槃毕竟之乐。"是故即生大慈①智慧。

论曰：云何具诸苦聚？云何远离最上第一义乐？此先已说。示现大悲慈②等故。

注释

① **大慈**：依《宫本》等诸本，当为大慈悲。
② **大悲慈**：依《宫本》等诸本，当为大慈悲。

《中国佛学经典宝藏》

华人佛学界顶级专家团队编撰。大陆首次引进简体中文版。

读得懂,买得起,藏得下的"白话精华大藏经"。

星云大师总监修

"人间佛教"的践行本

《中国佛学经典宝藏》白话版系列丛书,共计132册,由星云大师总监修,大陆、台湾百余专家学者通力编撰而成。

丛书依大乘、小乘、禅、净、密等性质编号排序,将古来经律论中之经典著作,依据思想性、启发性、教育性、人间性的原则,做了取其精华、舍其艰涩的系统整理。每种经典都按原文、注释、译文等体例编排,语言力求通俗易懂、言简意赅,让佛学名著真正做到雅俗共赏;还以题解、源流、解说等章节,阐述经文的时代背景、影响价值及在佛教历史和思想演变上的地位角色。丛书还开创性地收录了一些有代表性的现代读本。

专家推荐

星云大师常常说,佛学不是少数人的专利,它应该是每一个人都能够接触的。这套书推动了白话佛学经典的完成。

——依空法师

佛光山长老,文学博士,印度哲学博士

星云大师对编修《中国佛学经典宝藏》非常重视,对经典进行注、译,包括版本源流梳理,这对一般人去看经典、理解经典的思想,是有帮助的。

——赖永海

南京大学教授,旭日佛学研究中心主任

《中国佛学经典宝藏》精选了很多篇目,是能够把佛法的精要,比较全面地给予介绍。

——王志远

中国社会科学院研究生院导师,中国宗教协会副会长

传统大藏经 VS 中国佛学经典宝藏

第一回合	卷帙浩繁 普通人阅读没头绪、没精力、看不懂。	VS	精华集萃 星云大师亲选132种书目,提纲挈领,方便读经。
第二回合	古文艰涩 繁体竖排 佛经文辞晦涩,多用繁体竖排版:读经门槛高。	VS	白话精译 简体横排 经典原文搭配白话精译,既可直通经文,又可研习原典。
第三回合	经义玄奥 难尝法味 微言大义,法义幽微,没有明师指引难理解。	VS	专家注解 普利十方 华人佛学界顶级专家精注精解,一通百通。

《中国佛学经典宝藏》目录

编号	书名	编号	书名	编号	书名
1	中阿含经	45	维摩诘经	89	法句经
2	长阿含经	46	药师经	90	本生经的起源及其开展
3	增一阿含经	47	佛堂讲话	91	人间巧喻
4	杂阿含经	48	信愿念佛	92	大乘本生心地观经
5	金刚经	49	精进佛七开示录	93	南海寄归内法传
6	般若心经	50	往生有分	94	入唐求法巡礼记
7	大智度论	51	法华经	95	大唐西域记
8	大乘玄论	52	金光明经	96	比丘尼传
9	十二门论	53	天台四教仪	97	弘明集
10	中论	54	金刚錍	98	出三藏记集
11	百论	55	教观纲宗	99	牟子理惑论
12	肇论	56	摩诃止观	100	佛国记
13	辩中边论	57	法华思想	101	宋高僧传
14	空的哲理	58	华严经	102	唐高僧传
15	金刚经讲话	59	圆觉经	103	梁高僧传
16	人天眼目	60	华严五教章	104	异部宗轮论
17	大慧普觉禅师语录	61	华严金师子章	105	广弘明集
18	六祖坛经	62	华严原人论	106	辅教编
19	天童正觉禅师语录	63	华严学	107	释迦牟尼佛传
20	正法眼藏	64	华严经讲话	108	中国佛教名山胜地寺志
21	永嘉证道歌·信心铭	65	解深密经	109	敕修百丈清规
22	祖堂集	66	楞伽经	110	洛阳伽蓝记
23	神会语录	67	胜鬘经	111	佛教新出碑志集萃
24	指月录	68	十地经论	112	佛教文学对中国小说的影响
25	从容录	69	大乘起信论	113	佛遗教三经
26	禅宗无门关	70	成唯识论	114	大般涅槃经
27	景德传灯录	71	唯识四论	115	地藏本愿经外二部
28	碧岩录	72	佛性论	116	安般守意经
29	缁门警训	73	瑜伽师地论	117	那先比丘经
30	禅林宝训	74	摄大乘论	118	大毗婆沙论
31	禅林象器笺	75	唯识史观及其哲学	119	大乘大义章
32	禅门师资承袭图	76	唯识三颂讲记	120	因明入正理论
33	禅源诸诠集都序	77	大日经	121	宗镜录
34	临济录	78	楞严经	122	法苑珠林
35	来果禅师语录	79	金刚顶经	123	经律异相
36	中国佛学特质在禅	80	大佛顶首楞严经	124	解脱道论
37	星云禅话	81	成实论	125	杂阿毗昙心论
38	禅话与净话	82	俱舍要义	126	弘一大师文集选要
39	释禅波罗蜜次第法门	83	佛说梵网经	127	《沧海文集》选集
40	般舟三昧经	84	四分律	128	《劝发菩提心文》讲话
41	净土三经	85	戒律学纲要	129	佛经概说
42	佛说弥勒上生下生经	86	优婆塞戒经	130	佛教的女性观
43	安乐集	87	六度集经	131	涅槃思想研究
44	万善同归集	88	百喻经	132	佛学与科学论文集

深入经藏,智慧如海。

手机淘宝
扫一扫

本套佛学经典适合系统的修习、诵读和佛堂珍藏。
咨询电话:尤冲 010-8592 4661

译文

经文：菩萨见众生难脱苦恼，于是便生大悲智慧："我应教化这些众生，使他们进入涅槃极乐的境地。"由此菩萨便生起大慈悲智慧。

论释：何为具足苦聚？何为远离最上第一义乐？前面已说，这是为了说明大慈悲的意义。

原典

经曰：诸佛子，菩萨摩诃萨随顺如是大慈悲法，住在初地，以深妙心于一切物无所悋惜，以智①求佛大妙智故，修行大舍，即时所有可施之物皆悉能舍，所谓一切财谷库藏等舍。或以金银、摩尼②、真珠、琉璃、珂贝、玞瑅、玛瑙、生金等舍，或以宝庄严具、璎珞等舍，或以象马、车乘、辇舆等舍，或以寺舍、园林、楼观、流泉、浴地等舍，或以奴婢、僮仆等舍，或以国土、聚落、城邑、王都等舍，或以妻子、男女等舍，或以一切所爱之事皆悉能舍，或以头目耳鼻、肢节、手足一切身分等舍。如是一切可舍之物而不贪惜，唯求无上佛智慧故，而行大舍。如是菩萨摩诃萨住于初地，能成大舍。

论曰：即时所有可施之物皆悉能舍者，求佛无上大妙智故。是中一切物者，略有二种：一外，二内。外者复有二种：一所用，二贮积，如经"所谓一切财谷库藏等"故。如是次第于中广有八种，从金银等乃至一切所爱之事。内者自身所摄。是外事舍中，初舍是总，余九舍是别。依二种喜：一藏摄喜，二利益喜。藏摄喜者，谓金银等。利益喜者复有八种：一者严饰利益喜，谓宝庄严等；二者代步利益喜，谓象马等；三者戏乐利益喜，谓园林、楼观等；四者代苦利益喜，谓奴婢等；五者自在利益喜，谓国土、聚落等；六者眷属利益喜，谓妻子等；七者坚着利益喜，谓一切所爱等；八者称意利益喜，谓头目耳鼻等。

注释

① **以智**：依《知恩院本》，当为以法。
② **摩尼**：梵语、巴利语音译，意译为珠、宝珠，是珠玉的总称。

译文

经文：诸位佛子，菩萨随顺如此大慈悲法，住在初地，于深妙心，对于一切物都无所吝惜。为以法而求佛大妙智，修行大舍，于是所有可施之物皆能施舍，所谓一切财谷库藏等皆能施舍。或舍金银、摩尼、真珠、琉璃、轲贝、珲渠、玛瑙、生金等，或舍宝庄严具、璎珞等，或舍象马、车乘、辇舆等，或舍寺舍、园林、楼观、流泉、浴地等，或舍奴婢、僮仆等，或舍国土、聚落、城邑、王都等，或舍妻子、男女等，或一切所爱之事皆能施舍，或舍头目耳鼻、肢节、手足一切自身器官等，这样一切可舍之物皆不吝惜，为求无上佛智慧，所以要行大舍。菩萨住于初地，如此便能成大舍。

论释：所有可施之物皆能舍，是为了求得无上大妙佛智。经中所谓一切物，大略有二种：一外，二内。外物又有二种：一所用，二贮积，如经所说"所谓一切财谷库藏等"。其中具体说，依次有八种，即从金银等乃至一切所爱之事。内物是自身肉体。此外事舍中，初舍是总，其余九舍是别。舍是舍去二种喜：一藏摄喜，二利益喜。藏摄喜指金银等。利益喜又有八种：一是严饰利益喜，指宝庄严等；二是代步利益喜，指象马等；三是戏乐利益喜，指园林、楼观等；四是代苦利益喜，指奴婢等；五是自在利益喜，指国土、聚落等；六是眷属利益喜，指妻子等；七是坚着利益喜，指一切所爱等；八是称意利益喜，指头目耳鼻等。

原典

经曰：菩萨如是以大施心救一切众生故，转转推求世间、出世间利益胜事。彼推求利益胜事时，心不疲倦，是故菩萨成不疲倦心。成不疲倦已，于一切经论心无怯弱，是名成一切经论智。如是成一切经论智已，善能筹量应作不应作，于上中下众生随宜随宜而行，随力随感，是故菩萨成就世智。成世智已，知时知量，惭愧庄严，修习自利利他之道，是故菩萨成惭愧庄严，如是行中精勤修行，得不退不转力，如是菩萨成坚固力。得坚固力已，勤行供养诸佛，随所闻法，如说修行。

诸佛子，是菩萨悉知生起如是清净诸地法：所谓信、悲慈、舍、不疲倦、知诸经论、善解世法、惭愧、坚固力、供养诸佛、如说修行。

论曰：是中依此世智随宜随宜而行者，如论中说①随自己力随彼能受故。依惭愧知时知量者，示三种时：一者念时；二者日夜时；三者所作必得不断时。依坚固力如是彼行中者，如上所说信等故。精勤修行者，有二种：一不退力，不舍行故；二不转力，精进不息故。供养诸佛，如说修行者，有二种：一利养供养，二修行供养。

此十种行显二种胜成就：一深心成就，谓信、悲慈等；二修行成就，谓舍、不疲惓、知诸经论、善解世法、惭愧、坚固力、供养诸佛、如说修行等。于中依自利行，谓信，能信菩萨行，及诸佛法，求必能得故。依利他行，所谓悲慈，能安隐与乐心故；舍者，以财摄他行故。不疲惓者，自摄法行故。知诸经论、善解世法者，以法摄他行故。余有三行摄护信等：一者不着行。以惭愧对治障，信等不着行故；二者不动行。有坚固力，信等不可动故；三者修行。彼垢清净依止行，供养诸佛，摄信等善根故。

是中依二种供养故，得二种身：一者上妙身。所可见者，心生敬重，利益不空故；二者调柔心。自性善根成就，乐行法故。前所说三十句，从信增上等乃至常求上上胜道，是清净地法。今此十句，从信等乃至供养诸佛，尽是障地净法[2]。是名修行较量胜。

云何果利益较量胜？

注释

① **如论中说**：指世亲所著《发菩提心论》中所说。
② **尽是障地净法**：疑为是尽障地净法。

译文

经文：菩萨以如此大施之心，救一切众生，辗转推求世间、出世间利益胜事。菩萨在推求利益胜事时，心不疲倦，因而成不疲倦心。成不疲倦心之后，对一切经论心不怯弱，精心钻研，于是便成一切经论智。如此成一切经论智之后，便能善于筹量应作不应作之事，对于上中下众生随其所宜而行教化，随其接受能力，尽己所能而加以感召，因而菩萨成就世俗智。成世俗智后，把握时机，量己度物，以惭愧庄严之心，修习自利利他之道，于是菩萨成惭愧庄严，于此精勤修行，使得不退不转力。由小菩萨又成坚固力，得坚固力后，勤行供养诸佛，依所闻之法，如说修行。

诸位佛子，此菩萨已明知生起如此清净诸地法：即所谓信、悲慈、舍、不疲倦、知诸经论、善解世法、以惭愧心、坚固力、供养诸佛、依教说修行。

论释：经中所谓依此世智，随其所宜而行，如《发菩提心论》中所说，是指随自己能力及随众生接受能力。所谓依惭愧而知时知量，是说修行有三种时：一是念时。修行之念始起，未能相续，但可随分念念渐习；二是日夜时。修习心转胜，能日夜不断；三是所作必得不断时。修行最终成就，常不断绝。所谓依坚固力而修行,是指依信等而修行。精勤修行有二种:一不退力。自信坚固,不舍修行;二不转力。精进不息,行解转明。所谓供养诸佛,如说修行,其中也有二种:一是利养供养,二是修行供养。

以上十种修行显示二种殊胜成就:一为深心成就,即信、悲慈等;二为修行成就,即舍、不疲倦、知诸经论、善解世法、惭愧、坚固力、供养诸佛、如说修行等。其中信是依自利行,能信菩萨行及诸佛法,求必能得。悲慈、舍是依利他行,悲拔危苦而能使众生安稳,慈能与物乐心;舍是以财物而行利他之事。不疲倦,指自摄法行。知诸经论、善解世法,是以法摄他行。其余三行皆是护信之行:一为不着行,以惭愧心排除过失,信而不着有过;二为不动行。有坚固力,信心不可动摇;三为修行。如说修行,就是清净彼垢的依止,供养诸佛之行,摄受信等善根。

依上述二种供养,可得二种身:一是上妙身。初地菩萨报得妙色庄严身,见者心生敬重,利益众生不空;二是调柔心。自性善根成就,乐行大法。前文所说三十句,从信增上等乃至常求上上胜道,是清净地法,修治净地,净于见道。今此所说十句,从信等至供养诸佛,都是尽障地净法,排除障垢,练向修道。以上所说是修行较量胜。

如何是果利益较量胜?

原典

经曰：诸佛子，是菩萨住此菩萨欢喜地已，多见诸佛。以大神通力、大愿力故，见多百佛、多千佛、多百千佛、多百千那由他①佛、多亿佛、多百亿佛、多千亿佛、多百千亿佛、多百千亿那由他佛。以大神通力、大愿力故，是菩萨见诸佛时，以上心、深心供养、恭敬、尊重、赞叹，衣服、饮食、卧具、汤药一切供具悉以奉施，以诸菩萨上妙乐具供养众僧，以此善根皆愿回向阿耨多罗三藐三菩提，是菩萨因供养诸佛故，成教化利益众生法。

是菩萨多以二摄摄取众生，所谓布施、爱语。后二摄②法但以信解力，行未善通达是菩萨十波罗蜜中檀波罗蜜增上，余波罗蜜非不修集。随力随分。是菩萨随所供养诸佛，教化众生皆能受行清净地法。如是如是，彼诸善根皆愿回向萨婆若，转复明净，调柔成就，随意所用。诸佛子，譬如金师，善巧炼金，数数入火，如是如是转复明净，调柔成就，随意所用。诸佛子，菩萨亦复如是，如是如是供养诸佛，教化众生，皆能修行清净地法。正修行已，如是如是彼诸善根皆愿回向萨婆若，转复明净，调柔成就，随意所用。

论曰：果树益较量胜有四种：一调柔果利益胜，二发趣果利益胜，三摄报果利益胜，四愿智果利益胜。调柔果利益胜者，金相似法，信等善法，犹如真金。

数数入火者，有三种入：一功德入，供养佛、僧故；二悲心入，教化众生故；三无上果入，愿回向大菩提故。以大神通力见诸佛者，以胜神通力见色身佛。大愿力者，以内正愿力见法身佛。多百佛乃至百千亿那由他佛者，方便善巧示现多佛，显多数故。

供养者有三重：一恭敬供养，谓赞叹等，显佛功德故；二尊重供养，谓礼拜等；三奉施供养，谓花香、涂香、末香、幡盖等。以诸菩萨上妙乐具者，是诸菩萨所有世间不供之物，具足奉施一切众僧故。

云何发趣果利益胜？

注释

① **那由他**：印度数量名称，一那由他为千亿。

② **后二摄**：即四摄法中布施、爱语之外的利行、同事二摄法。四摄法是菩萨接引众生入佛道的四种方法，这四种方法分别是：一布施摄。若有众生乐财则布施财，乐法则布施法，令生亲爱之心而依附菩萨受道；二爱语摄。随众生根性而善言慰喻，令起亲爱之心而依附受道；三利行摄。起身、口、意之善行，利益众生，

令生亲爱之心而受道；四同事摄。以法眼见众生根性，随其所乐而分形示现，令其同沾利益，由此入道。

译文

经文：诸位佛子，此菩萨住此欢喜地后，便能多见诸佛。依靠大神通力、大愿力，能见多百佛、多千佛、多百千佛、多百千那由他佛、多亿佛、多百亿佛、多千亿佛、多百千亿佛、多百千亿那由他佛。依靠大神通力、大愿力，此菩萨在见诸佛时，能以上心、深心而供养、恭敬、尊重、赞叹，衣服、饮食、卧具、汤药一切供具皆加奉施，诸菩萨以极妙乐具供养众僧，以此善根回向无上正等正觉。此菩萨因供养诸佛，而成教化利益众生法。

此菩萨常以四摄法中的前二摄法接引众生，即所谓布施、爱语二摄。对于后二摄法，则只以信解力为重，而行则尚未十分通达。此菩萨最着重十波罗蜜中的布施波罗蜜，并非不修其余波罗蜜，而是量力随机而行。此菩萨随处供养诸佛，教化众生，使众生皆能受行清净地法。如此如此，其诸善根皆回向一切智，转复明净，调柔成就，随意所用。诸位佛子，这正如炼金师，善巧炼金，数次入火，如此如此，转复明净，调柔成就，随意所用。诸位佛子，菩萨也是这样，如此如此供养诸佛，教化众生，令其皆能修行清净地法。既正修行，如此如此其诸善根皆回向一切智，转复明净，调柔成就，随意所用。

论释：果利益较量胜有四种：一调柔果利益胜，二发趣果利益胜，三摄报果利益胜，四愿智果利益胜。调柔果利益胜，正如炼金相似，信等善法犹如真金数次入火，此有三种入：一功德入，即供养佛、僧；二悲心入，即教化众生；三无上果入，即愿回向无上正真道。所谓以大神通力见诸佛，是以殊胜神通力见色身佛。所谓大愿力，是以内正愿力见法身佛。所谓多百佛乃至百千亿那由他佛，是方便善巧示现多佛，显佛数量之多。

供养有三种：一恭敬供养，指赞叹等，显彰佛之功德；二尊重供养，指礼拜等；三奉施供养，指花香、涂香、末香、幡盖等。所谓诸菩萨以极妙乐具，指诸菩萨以具足所有的不共世间之物，奉施一切众僧。

如何是发趣果利益胜？

原典

经曰：复次，诸佛子，菩萨摩诃萨住此菩萨欢喜地，于初地中诸相得果，应从诸佛、菩萨、善知识所推求请问成地诸法无有厌足。如是菩萨住初地中，应从诸佛、菩萨、善知识所推救求请问第二地中诸相得果、成地诸法无有厌足。如是第三、第四、第五、第六、第七、第八、第九、第十地中诸相得果，应从诸佛、菩萨、善知识所推求请问成十地法无有厌足。是菩萨善知诸地障对治，善知地成坏，善知地相，善知地得修，善知地清净分，善知地地转行，善知地地住处，盖知地地较量胜智，善知地得不退转，善知一切菩萨地清净转入如来智地。诸佛子，菩萨如是善起地相，发于初地不住意成，乃至转入十地，无障碍故。以得十地智慧光明故，能得诸佛智慧光明。

诸佛子，譬如善巧导师，多将人众向彼大城，未发之时应先问道中利益诸事，复问道中退患过咎，复问道处中间胜事，复问道处中间退患过咎，具道资粮，作所应作，推求请问。未发初处，是大导师乃至善知到彼大城。未发初处，此导师能以智慧思维筹量，具诸资用，令无所乏，正导众人乃至得到大城，于险道中免诸患难，身及众人皆无忧恼。

诸佛子，菩萨摩诃萨善巧导师亦复如是，住于初地，善知地障对治，乃至善知一切菩萨地清净转入如来智地。尔时菩萨具大福德助道资粮，善择智慧助道，欲将一切众生向萨婆若大城。未发初处应先问地道功德，复问诸地退患，复问地道处中间胜事，复问地道处中间退患。具大功德智慧资粮，作所应作，应从诸佛菩萨善知识所推求请问。未发初处，是菩萨善知地障对治，乃至善知能到萨婆若大城。未发初处，菩萨如是智慧分别，具大功德智慧资粮，将一切众生如应教化，出过世间险难恶处，乃至令住萨婆若大城，不为世间生死险过所染，身及众生无诸衰恼。诸佛子，是故菩萨摩诃萨常应心不疲倦，勤修诸地业胜智本行。

诸佛子，是名略说菩萨摩诃萨入初菩萨欢喜地门，广说则有无量百千万忆阿僧祇事。

论曰：诸相者，随诸地中所有诸障及对治相故。得者，证出世间智故。果者，因证智力得世间出世间智故。成地诸法者，所谓信等，为满足彼故。有五种方便：一观方便，二得方便，三增上方便，四不退方便，五尽至方便。观方便者，障对治、成坏善巧，如经"是菩萨善知诸地障对治"故。"善知地成坏"故。十种地障对治故，名为十地，如本分中说。

如是次第，集故成、散故坏。得方便者，欲入方便、已入方便、彼胜进方便，如经"善知地相"故。"善知地得修"故。"善知地清净分"故。增上方便者，地地转行、地地住处、地地增长善巧，如经"善知地地转行"故。"善知地地住处"故。"善知地地较量胜智"

故。不退方便者，如经"善知地得不退转"故。尽于方便者，菩萨地尽入如来地善巧，如经"善知一切菩萨地清净转入如来智地"故。

诸佛子，譬如善巧导师，多将人众向彼大城者，令得正行故。于中导师者有二种方便：一者不迷道方便。于道路中是利、是退患，于道路处是胜、是过咎，皆善巧知，如经"先问道中利益诸事"故。"复问道中退患过咎"故。"复问道处中间胜事"故。"复问道处中间退患过咎"故；二者资具利益方便，如经"具道资粮，作所应作"故。

云何摄报果利益胜？

译文

经文：又，诸位佛子，菩萨住此欢喜地，在此初地中诸相得果之后，应向诸佛、菩萨、善友推求请教修成诸地之法而不厌足。菩萨如此住初地中，应向诸佛、菩萨、善友推求请教第二地中诸相得果、成地诸法而不厌足。如是推求请教第三、第四、第五、第六、第七、第八、第九、第十地中诸相得果，应向诸佛、菩萨、善友推求请教修成十地之法而不厌足。此菩萨善知如何对治诸地障垢、善知诸地之成坏，善知地相，善知诸地之如何修得,善知诸地清净分,善知地地转行,善知诸地住处,善知地地较量胜智,善知如何得地不退转,善知一切菩萨地清净转入如来智地。诸位弟子,菩萨如此善起地相:从初地出发,决意修行不止,乃至转入十地,无障无碍。因其得十地智慧光明,所以能得诸佛智慧光明。

诸位佛子,譬如善巧导师,要率领人众向一大城,未发之前应先问道中利益诸事,再问道中如何排除患难、避免过失,再问途中各处胜事,再问途中各处如何排除患难、避免过失,预备路途中所需资粮,作所应作之事,多方推求请教。未发之初,此大导师便已深知如何到那大城。未发之初,此导师便已运筹帷幄,备足资用,令无所困乏,正确引导众人最终得到大城,排除千难万险,自身及众人都无忧虑烦恼。

诸位佛子,菩萨善巧导师也是这样,住在初地,善知如何对治诸地障垢,乃至善知一切菩萨地清净转入如来智地。那时菩萨已具备大福德助道资粮,善以智慧助道,要把一切众生引向佛智大城。未发之初,应先问诸地功德,再问如何退除诸地障患,再问各地中胜事,再问各地中如何退除障患。具备大功德智慧资粮,作所应作之事,应向诸佛菩萨推求请教。未发之初,此菩萨便善知如何对治诸地障垢,乃至善知如何能到佛地大城。

未发之初，菩萨已有如此分辨大智，具备大功德智慧资粮，率领一切众生，遵从教化，超越世间艰难险阻，乃至令众生住于佛地大城，不为世间险恶所染，自身及众生无诸烦恼。诸位佛子，因此菩萨常应心不疲倦，勤修诸地的业及胜智的本行。

诸位佛子，此是略说菩萨入初欢喜地门，如果要广大展开的叙说，则无量百千万亿劫都难以道尽。

论释：所谓诸相，是指诸地中所有诸相及对治诸障之相。所谓得，是指证悟出世间智。所谓果，是指由于证悟智力而得世间、出世间智。所谓成地之法，是指信等行体，这是成就地相的条件。成就诸地相有五种方便：一观方便，二得方便，三增上方便，四不退方便，五尽至方便。观方便指障对治的成坏之善巧，如经所说"此菩萨善知如何对治诸地障垢"，"善知诸地之成坏"。因为要对治十种地障，所以名为十地，这在本分中已说。

以下依次说，所谓成坏，即是聚集和散灭。得方便指欲入方便、已入方便、胜进方便，如经所说"善知地相""善知诸地之如何修得"，"善知地清净分"。增上方便指地地转行、地地住处、地地增长善巧，如经所说"善知地地转行"，"善知地地住处"，"善知地地较量胜智"。不退方便是经中所说"善知如何得地不退转"。尽地方便指菩萨地尽而入如来地，如经所说"善知一切菩萨地清净转入如来智地"。

经中"诸位佛子，譬如善巧导师，要率领人众向一大城"，是说令众生得正行。其中所说导师有二种方便：一是不迷道方便。在道路中是利还是害，在道路各处是胜还是劣，导师皆能善巧先知，如经所说"先问道中利益诸事"，"再问道中如何除患、避免过失"，"再问途中各处胜事"，"再问途中各处如何除患、避免过失"；二是资具利益方便。如经所说"预备路途中所需资粮，作所应作之事"。

如何是摄报果利益胜？

原典

经曰：菩萨摩诃萨住此初地，多作阎浮提王，豪贵自在，常护正法。能以大施摄取众生，善除众生悭贪、妒嫉之垢。常行大舍而无穷尽，所作善业布施、爱语、利益、同事，是诸福德皆不离念佛，不离念法，不离念僧，不离念诸菩萨，不离念菩萨行，不离念诸波罗蜜，不离念十地，不离念不坏力，不离念无畏，不离念佛不共法，乃至不离念具足一切种一切智智。常生是心：我当于一切众生中为首、为胜、为大、为妙、为微妙、为上、为无上、为导、为将、为师、为尊，乃至为一切智智依止者。

诸佛子，是菩萨摩诃萨，若欲舍家勤行精进，于佛法中便能舍家、妻子、五欲，得出家已，勤行精进，于一念间得百三味，得见百佛，知百佛神力，能动百佛世界，能入百佛世界，能照百佛世界，能教化百佛世界众生，能住寿百劫，能知过去未来世各百劫事，能善人百法门，能变身为百，于一一身能示百菩萨以为眷属。

论曰：摄报果利益胜者有二种：一在家果，二出家果。在家果复有二种：一者上胜身，阎浮提王等，如经"菩萨摩诃萨住此初地，多作阎浮提王，豪贵自在，常护正法"故；二者上胜果，善巧调伏悭贪嫉妒等，如经"能以大施摄取众生，善除众生悭贪、嫉妒垢等"。能以大施摄取众生者，自行布施，善劝他施，摄取众生，善转众生悭嫉之垢，方便善巧以四摄法摄取众生故。不离念佛等者，示现不离，念自利益事。如是诸念于事中行已，成大恭敬，除诸妄想。

此念略有四种：一者上念，念三宝故；二者同法念，念诸菩萨故；三者功德念，念自身他身菩萨行、自体转胜故；四者求义念，念诸力等，此是真实究竟故。何者是上念？念佛等，念佛法等故，于施者、受者、财物及菩提不生分别、不取着故，如是一切所作业中作者不着、境界不着、作事不着、果报不着。以此一切诸行皆愿回向大菩提故。

为首者有二种：一者胜首，光明功德故；二者大首，独无二故。胜者有二种：一者妙智，自在胜故；二者微妙，离一切烦恼自在胜故。大者有二种：一者上，无与等故；二者无上，无能过故。如是显示自体功德故。导者，于《阿含》中分别法义正说故。将者，令他证得义，灭诸烦恼故。师者，教授令入正道故。乃至一切智智依止者，以大菩提道教化故。是名在家菩萨摄报果利益胜。

复次，出家菩萨禅定胜业，胜业有二种：一者三昧胜，所谓于一念间得百三昧，得三昧自在力故；二者三昧所作胜，谓见百佛等，以得是三昧力故，于十方诸佛及佛所加诸菩萨所修习智慧故。能动百佛世界者，令可化众生生正信故。能入百佛世界，能照百佛世界，能教化百佛世界众生者，往至及见正化众生故。能住寿百劫者，摄取胜生故。能知过去未来世各百劫事者，化诸众生作离恶上首，说善恶业道故。能善入百法门者，为增长自智慧，思维种种法门义故。能变身为百，于一一身能示百菩萨以为眷属者，作多利益速疾行故。

云何愿智果利益胜？

译文

经文：菩萨住此初地，多为人间世界之王，豪贵自在，常护正法。此菩萨能以大布施接济众生，善于消除众生悭贪、嫉妒等污垢，常行大舍而无穷尽，所作善业如布施、爱语、利益、同事等四摄法，此诸福德全不离念佛，不离念法，不离念僧，不离念诸菩萨，不离念菩萨行，不离念诸波罗蜜，不离念十地，不离念十种不坏智力，不离念四种无畏，不离念佛之殊胜大法，乃至不离念具足一切佛智。此菩萨常生此种心：我应当在一切众生中为首、为胜、为大、为妙、为微妙、为上、为无上、为导、为将、为师、为尊，乃至为一切智智之所依止。

诸位佛子，此菩萨如果愿意舍家勤行精进，便能遵照佛法舍家、舍妻子、舍五欲，出家之后，动行精进，于一念之间便得百三昧，得见百佛，能知百佛神力，能动百佛世界，能入百佛世界，能照见百佛世界，能教化百佛世界之众生，能百劫长寿，能知过去未来世各百劫事，能善入百法门，能变身为百，并且一一身又能显示百菩萨以为眷属。

论释：摄报果利益胜有二种：一为在家果，二为出家果。在家果又有二种：一是上胜身。即人间世界之王等，如经所说"菩萨住此初地，多为人间世界之王，豪贵自在，常护正法"；二是上胜果。即巧妙消除悭贪、嫉妒等，如经所说"能以大施接济众生，善于消除众生悭贪、嫉妒等污垢"。所谓能以大施接济众生，即是自行布施，同时善劝他人布施，诱导众生，善于转变众生悭、嫉之垢，以四摄法巧妙接引众生，令众生入道。所谓不离念佛等，是说不离念自利益事。于事中行如此诸念，便成大恭敬，消除诸种妄想。

此念大略有四种：一是上念，即念三宝；二是同法念，即念诸菩萨；三是功德念，即念自身他身菩萨行、自体转胜；四是求义念，即念佛诸种智力，此是真实究竟。如何是上念？由于念佛、念佛法，对施者、受者、财物及菩提智等皆不生分别、不加染着，这样一切所作业中便不着于作者、不着于境界、不着于所作之事、不着于果报，以如此一切诸行皆愿回向佛之无上智慧。

所谓为首，有二种：一为胜首，指光明功德；二为大首，独一无二。"胜"有二种：一为妙智，是自在胜；二为微妙，离一切烦恼之自在胜。"大"有二种：一是上，指无与等比；二是无上，指无能超过。这是说明自体功德。所谓导，是指依据经典，分别法义，正确说教。所谓将，是说令众生证悟法义，灭除诸种烦恼。所谓师，是教授佛法，令众生悟入正道。"乃至为一切智智之所依止"，是说以无上大智慧而行教化。以上是说在家菩萨之摄报果利益胜。

另外，出家菩萨禅定胜业，其胜业有二种：一是三昧胜，即所谓于一念之间便得百三昧，得三昧自在力；二是三昧所作胜，指见百佛等，由于得此三昧力，所以能见十方诸佛，能得诸佛所加神力，能得诸菩萨所修习智慧。"能动百佛世界，化导众生归于正信"。"能入百佛世界，能照百佛世界，能教化百佛世界之众生"，是说能往至及能见百佛世界，并能正化众生。所谓能百劫长寿，是因佛摄护而得长生。所谓能知过去未来世各百劫事，是指教化众生勇于率先离恶，说善恶业道。所谓能善入百法门，是说为增长自己智慧，能思维种种法门。"能变身为百，并且一一身又能显示百菩萨以为眷属"，是为了多作利益，并且速疾而行。

如何是愿智果利益胜？

原典

经曰：若以愿力自在胜上①，菩萨愿力示现过于此数。示种种神通，或身、或光明、或神通、或眼、或境界、或音声、或行、或庄严、或加、或信、或业。是诸神通乃至无量百千万亿那由他劫不可数知。

论曰：于中身者，是一切菩萨行根本所依故。依彼身故有光明及神通，依光明有天眼，以有天眼见前境界。一切眼有五种②应知。依神通有音声及行、庄严、加等。音声者应彼言说故，行者遍至十方故，庄严者作种种应现故，加者神力加彼故，信者依三昧门现神通力，随众生信利益成就③故。业者依慧眼所摄陀罗尼门④现说法故。略说一切诸地各有因体果相应知。

注释

①**胜上**：指胜过上述出家果中百三昧等。菩萨愿力，其德广多，示现无量，不止于上述之以百为数。

②**五种**：指五种眼力，即肉眼、天眼、慧眼、法眼、佛眼。

③**随众生信利益成就**：即随诸众生信乐不同而与利益成就。

④**陀罗尼门**：指总持佛法而不忘失的能力。

译文

经文：就菩萨愿力而论，愿力的自在作用无穷无尽，菩萨愿力示现广多无量，过于百数。能示现种种神通，或身、或光明、或神通、或眼、或境界、或音声、或行、或庄严、或加、或信、或业。此诸神通乃至无量百千万亿那由他劫不可胜数。

论释：其中所谓身，是一切菩萨行所依之根本。依其身而有光明及神通，依光明而有天眼，因有天眼而见眼前境界。顺便说到，应知眼有五种，即肉眼、天眼、慧眼、法眼、佛眼。依神通而有音声及行、庄严、加等。音声应其言说；行可遍至十方，赴感为化；庄严是随物所宜，现种种身；加是神力加其身；信依三昧门而现神通力，随诸众生信乐不同而与利益成就；业是依慧眼观照总持佛法而教化众生。这是略说一切诸地各有因体果相。

4　卷八——六地现前地

原典

经曰：尔时金刚藏菩萨言：诸佛子，若菩萨已善具足第五地道，欲入第六菩萨地，当以十平等法得入第六地。何等为十？一者一切法无相平等故，二者一切法无想①平等故，三者一切法无生②平等故，四一切法无成③平等故，五一切法寂静平等故，六一切法本净平等故，七一切法无戏论④平等故，八一切法无取舍⑤平等故，九一切法如幻梦、影、响、水中月、镜中像、焰化平等故，十一切法有无不二平等故。是菩萨如是观一切法相，除垢故，随顺故，无分别故，得入第六菩萨现前地，得明利顺忍，未得无生法忍⑥。

论曰：取染净法分别慢对治者，谓十平等法。是中一切法无相乃至一切有无不二平等者，是十二入一切法自性无相平等故。

复次，相分别对治有九种：一十二入自相想。如经"一切法无想平等"故；二念展转行相。如经"一切法无生平等"故；三生展转行相。如经"一切法无成平等"故；四染相。如经"一切法寂静平等"故；五净相。如经"一切法本净平等"故；六分别相。如经"一切法无戏论平等"故；七出没[7]相。如经"一切法无取舍平等"故；八我非有[8]相。如经"一切法如幻梦、影、响、水中月、镜中像、焰化平等"故；九成坏[9]相。如经"一切法有无不二平等"故。

除垢者，远离障垢故。随顺者，随顺平等真如法故。无分别者，不生分别相故。明利者，微细慢对治故。前二地中粗中慢对治故，得软、中忍顺者，随顺无生法忍故。未得无生法忍者，此忍顺无生法忍，非即无生忍故。是名取染净法分别慢对治。

云何不住道行胜？

注释

① **无想**：指十二入一切法自性无相，只是妄想所作，实无所有。

②**无生**：指一切诸法皆从念想而生，无有自立。

③**无成**：指相无想不成，想无相则不立，相与想皆坏，所以说是无成。

④**无戏论**：依智俨《华严经搜玄记》卷三及法藏《华严经探玄记》卷十三，戏论是指言说、名义，诸法并非实有，世间称谓，只是假设，世间有得名不得义，或得义不得名，所以寻名取义都是妄想戏论。名义不实，所以说无戏论。

⑤**无取舍**：意思是妄法即空，无可舍离，真理离念，不可取得。

⑥**顺忍、无生法忍**：指五忍中的第三、四忍，忍是忍可、安忍之义。五忍分别是：一伏忍，地前菩萨未断烦恼种子，但能制伏烦恼使之不起；二信忍，初地至三地，已见法性而得正信；三顺忍，四地至六地，顺菩提道而趣向无生果；四无生忍，七地至九地，悟入诸法无生之理；五寂灭忍，第十地及妙觉，诸惑断尽，湛然寂灭。明利顺忍：是说六地所得之顺忍能除微细慢，较四、五两地之除障未细为明、为利，所以称为明利顺忍。

⑦**出没**：认净法可取名出，认染法可取名没。

⑧**我非有**：即断然肯定为无。

⑨**成坏**：成是有相，坏是无相。

译文

经文：当时金刚藏菩萨说：诸位佛子，如果菩萨已经具足第五地之道，要想修入第六菩萨地，便应当修习十平等法，方得入第六地。何为十平等法？一是一切法无相平等，二是一切法无想平等，三是一切法无生平等，四是一切法无成平等，五是一切法寂静平等，六是一切法本净平等，七是一切法无戏论平等，八是一切法无取舍平等，九是一切法如幻梦、影子、声响、水中月、镜中像、如焰化般平等，十是一切法有无不二平等。此菩萨如此观一切法相，便能除垢，便能随顺，便能无分别，便入第六菩萨现前地，而得明利顺忍，但未得无生法忍。

论释：所谓十平等法，是对治分别染净之障垢的观法。其中"一切法无相"乃至"一切有无不二平等"，是说十二入（六根六尘）所生一切法皆是自相无性平等。

另外，应对治的分别之相有九种：一是十二入自相想。一切法自性无相，只是妄想所作，所以经中说"一切法无想平等"；二是念辗转行相。一切诸法皆从念想辗转相生，所以经中说"一切法无生平等"；三是生辗转行相。相无念想则不成，念想无相则不立，相与想皆坏，所以经中说"一切法无成平等"；四是染相。所以经中说"一切法寂静平等";五是净相。所以经中说"一切法本净平等";六是分别相。分别指分别言义,言义本无实,分别言义是戏论,所以经中说"一切法无戏论平等";七是出没相。净法可取名为出,染法可舍名为没,应离染净分别,所以经中说"一切法无取舍平等";八是我非有相。诸法如幻缘起,既不是实有,也不是完全空无,所以经中说"一切法如幻梦、影子、声响、水中月、镜中像、如焰化平等";九是成坏相。成是有相,坏是无相,一切诸法无成无坏,所以经中说"一切法有无不二平等"。

所谓除垢,即是远离障垢。所谓随顺,即是随顺平等真如法。所谓无分别,是指不生分别相。所谓明利,是指可对治微细慢障。前二地除障未细,只得到下品或中品(软、中)顺忍,第六地才是上品顺忍。顺忍是顺菩提道而趣向无生果。所谓未得无生法忍。是说第六地忍顺无生法忍,但并不就是无生忍,因其尚未彻悟诸法无生之理。以上是取染净法分别慢对治。

如何是不住道行胜?

原典

经曰:是菩萨如是观一切法相,随顺得至。复以胜大悲为首故；大悲增上故，令大悲满足故，观世间生灭故。

论曰：是菩萨如是观一切法相，随顺得至者，得至不住道行胜故。不住道行胜者，不舍众生过去、现在、未来大悲摄胜故。一切所知法中智净①故，一切种微细因缘集观②故，不住世间涅槃故，如经"复以胜大悲为首"，乃至"观世间生灭"故。

注释

① **一切所知法中智净**：是说于一切所知之缘起诸法中令智清净，即清净智为佛果之本。

② **一切种微细因缘集观**：指观一切法之微细因缘，以生厌离之心。

译文

经文：此菩萨如此观一切法相，随顺得至。又以殊胜大悲为首，增长大悲，令大悲圆满，而观世间诸法生灭。

论释：所谓"此菩萨如此观一切法相，随顺得至"，是说菩萨得至不住道行胜。所谓不住道行胜，是以殊胜大悲摄受过去、现在、未来之三世众生，拔除众生之苦。这是由于此菩萨能于一切所知法中得清净智，能观一切法之微细因缘而生厌离之心，能不住世间而得涅槃，所以经中便说"以胜大悲为首"乃至"观世间生灭"。

原典

经曰：是菩萨观世间生灭已，作是念：世间所有受身生处差别，皆以贪着我故，若离着我，则无世间生处。菩萨复作是念：此诸凡夫，愚痴所盲，贪着于我，无智暗障，当求有无，恒随邪念，妄行邪道。集起妄行，罪行、福行、不动行①，以是行故起心种子，有漏有取想故，起未来生老死身，复生后有。

业为地，无明覆蔽，爱水为润，我心溉灌，种种见②网令得增长，生名色牙③，生已增长。名色增长已成诸根，诸根成已迭互相对生触，触相对生受，受后所悕生爱，以有爱故生取，取增长已生有，有成已生五阴身，五阴身增长已，于五道中渐渐衰变名为老，衰老变灭名为死，死后生诸热恼，因热恼故生一切忧悲苦恼聚。

是因缘集。无有集者，自然而集；无有灭者，自然而灭。是菩萨如是随顺观因缘集。

论曰：是中世间所有受身生处差别者，五道中所有生死差别，是名世间所有差别。此因缘集有三种观门应知：一成答相差别，二第一义谛差别，三世谛差别。

云何成差别？初明唯因缘集，释无我义。成一切世间所有受身生处，皆以贪着我故；若离着我，则无世间生处。即无我义成。若第一义中实有我相者，着我之心即是第一义智，不应在世间受身生处生。又复若第一义中实有我相者，若离着我，则应常生世间。显示此义，如经"世间所有受身生处差别，皆以贪着我故，若离着我，则无世间生处"故。

云何答差别？若实无我，云何着我？此中应有是难。即自答言：愚痴所盲，贪着于我。此示现如经"菩萨复作是念：此诸凡夫，愚痴所盲，贪着于我"故。如是实无有我，有何次第贪着于我，得有世间受身生处？成此示现，如经"无智暗障，当求有无"故。如是答难差别。

是中无智有无者，惮求常断。此示无明、有爱是二有支[4]根本故。恒随邪念，妄行邪道，集起妄行，罪行、福行、不动行。恒随邪念者，示无明因故。妄行邪道者，示于解脱处不正行故。集起妄行者，示菩萨胜义故。菩萨虽行于有，不名妄行。"以是行故起心种子，有漏有取想",乃至"随顺观因缘集",是中起心种子者,示生老死体性⑤。

复生后有者,随顺摄取成就罪、福等行业为地故。前说无智暗障、无明覆蔽故,常求有无,爱水为润故。如是往,如是生心⑥。我是我所,我、我想是慢,我生不生,如是等种种见网。自然而灭者,性自灭故,非智缘灭。如是答难因缘集,释无我义成已。

云何相差别?若因缘无我,以何相住因缘集行。

注释

① **罪行、福行、不动行**:此为三行。罪行又称非福行,即行十恶等罪,而招感三恶道之苦。福行指行十善等福;招感天上、人间之果。不动行指修有漏之禅定,招感色界、无色界之果。

② **种种见**:即异见,因烦恼而起的恶见解。

③ **牙**:依《元本》《明本》,当为芽。

④ **有支**:即十二有支,十二因缘。无明、爱是其中二支。

⑤ **生老死体性**:依《华严经探玄记》卷十三,此是指种子识(阿赖耶识)。

⑥ **如是往,如是生心**:如是往,依《宫本》等诸

本及《华严经探玄记》，当为"如是住"。如是住指识之种子和行业之地，如是生心指经文中无明覆蔽，爱水为润，我心溉灌。

译文

经文：此菩萨观察世间生灭之后，便生此念：世间所有之受身生处差别，都是由于贪着有我而造成的，如果脱离着我，则无由生于世间。菩萨进而又作此念：这些凡夫愚痴盲目，贪着于我，无有智慧，障垢蒙蔽，常求有无，永随邪念而妄行邪道。集起妄行，罪行、福行、不动行，因这三行而起心种子，此心种子有漏有取想，因而生成未来生老死身，又生后有。

行业如同大地，被无明覆盖，爱水加以湿润，我心为之灌溉，种种异见之网促进心种子增长，因而便有名色萌芽、生长，名色生长而成眼、耳、鼻、舌、身、意诸根，诸根迭互相对而生触，触相对而生受，受之后随其希望而生爱，因有爱而生取，取增长而生有，有成之后而生色、受、想、行、识五阴（五种有为法），五阴之身增长，便在地狱、饿鬼、畜生、人、天五道之中渐渐衰变而老，衰老变灭而为死，死后生诸热恼，因热恼而有一切忧悲苦恼相聚，这便是因缘集聚。

此种因缘集并无主宰者使之相聚，而是自然而集；没有主宰者使之灭，而是自然而灭。此菩萨就是这样随顺自然而观因缘之集。

论释：其中"世间所有之受身生处差别"，指地狱、饿鬼、畜生、人、天五道中所有生死差别，所以名为世间所有差别。当知因缘之集有三种观门：一是成答相差别，二是第一义谛差别，三是世谛差别。

如何是成差别？先明因缘之集，说明无我之义。论说一切世间所有受身生处之成，都是由于贪着有我的结果；若是脱离着我，则无世间生处。这样便成无我之义。然后反过来说，如果最高真理中确实包含我相，那么着我之心就应是究极智慧（佛智），有此着我之心者就不应生于世间。另外，如果最高真理中确实含有我相，那么离开着我之心就应常生世间。为表明此种道理，所以经中说："世间所有之受身生处差别，都是由于贪着有我而造成的。如果脱离着我，则无由生于世间。"

如何是答差别？对于上述论说，人们会提出这样的疑难：既然确实无我，为何还会着我？对此疑问的回答是：愚痴而盲目，便会贪着于我。为显示此义，所以经中说："菩萨进而又作此念：这些凡夫，因愚痴而如同盲人，所以贪着于我。"既然实无有我，那么着我之心怎样产生，而得有世间之受身生处呢？为说明这一问题，所以经中又说"因无有智慧，被障垢蒙蔽，所以当求有无"。这便是答难差别。

所谓无智而常求有无，是说希求常与断。这里说明无明、有爱是十二因缘之根本。"永随邪念而妄行邪道，集起妄行，罪行、福行、不动行"。所谓永随邪念指无明之因；所谓妄行邪道是不能正行求解脱之道；所谓集起妄行表示菩萨殊胜之行。菩萨虽行于有，但不为妄行。"因这三行而起心种子，此心种子有漏有取想"乃至"随顺自然而观因缘之集"，其中所谓起心种子，是指生老死之体性。

所谓又生后有，是说生老死之体（阿梨耶识）又能自然摄持其余因缘种子，令其成就罪福等行业，如同形成大地。此大地又被无智、障垢等无明覆盖，常求有无之爱水滋润。这样便成如此之种子和行业之地，生如此之种种心。我即是我所，我与我想即是慢，我生不生等，是种种异见之网。所谓自然而灭者，是说其性自灭，不是靠智力而灭。这样通过答难来解释因缘之集，便说明了无我之义。

如何是相差别？是指如果因缘无我，那么有何相存在于因缘之集的过程中。

原典

经曰：是菩萨复作是念：不如实知诸谛第一义故，名为无明。无明所作业果，是名为行。依行有初心识，与识共生有四受阴，名为名色。名色增长有六入。根、尘、识三事和合生有漏触，触共生故有受，受染着故名爱，爱增长故名取，从取起有漏业名有，有业有果报名生，生阴增长衰变名为老，老已阴坏名为死。

死别离时，愚人贪着心热名为忧，发声啼哭名为悲，五根相对名为苦，意根相对名为忧，忧苦转多名为恼。如是但有苦树增长，无有作者。

菩萨作是念：若有作者，则有作事；若无作者，则无作事；第一义中无有作者，无有作事。

论曰：是中无明所作业果者，所谓名色。于中识者，彼依止①故。名色与识共生故，识、名色递互相依故，若无作者，于中分别作事亦无。此说因缘集有分，自体无作事故，是名有分②次第因缘集观，应知。云何第一义谛差别？如是证第一义谛，则得解脱，彼观故。

注释

① **彼依止**：依《华严经探玄记》卷十三，指阿赖

耶识是名色等之所依止。

②**有分**：即同分，指根（感官之机能）、尘（对象）、识（认识主体）三者互相交涉，各实现其作业。

译文

经文：此菩萨又作此念：不能实知深妙真理，所以称为无明。无明所作之业果，名为行。依行而生心识，与识共生有四受蕴，名为名色。名色增长而有六入。根（感官机能）、尘（对象）、识三事和合而生有漏触，触共生而有受，受染著名为爱，爱增长而为取，由取起有漏业名为有，有业、有果报名为生，生渐增长而衰变为老，老后渐坏而为死。

死别离时，愚人贪着心热而生忧，发声啼哭名为悲，眼、耳、鼻、舌、身五根相对名为苦，意根相对名为忧，忧苦增多名为恼。在这因缘相生过程中，只有苦树增长，并无主体指使。

菩萨这样想：如果有主使者，则有主使者作事；如果没有主使者，就没有主事者所作之事；无上深妙真理中没有主使者，没有所作之事。

论释：经中所谓无明所作业果，是指名色。其中所谓识，是名色之所依止。名色与识共生，识与名色迭互相依，如果没有主使者，也就没有主使者分别所作之事。这是说因缘集有分，因为自体无作事，所以名为有分次第因缘集观。何为第一义谛差别？是说如此证悟最上深妙真理，则得解脱，这是洞观因缘之集的结果。

原典

经曰：是菩萨作是念：三界虚妄，但是一心作。

论曰：但是一心作者，一切三界唯心转故。云何世谛差别？随顺观世谛即入第一义谛。此观有六种：一何者是染①，染依止观，二因观，三摄过观，四护过观，五不厌厌观，六深观。是中染依止观者，因缘有分，依止一心故。

注释

① **何者是染**：疑为衍文。

译文

经文：此菩萨这么想：三界虚妄，只是一心所作。

论释：所谓"只是一心所作"，是说三界一切都是一心转现。何为世谛差别？是指随顺观照世间真理，便可证入无上深妙真理（第一义谛）。此观照有六种：一染依止观，二因观，三摄过观，四护过观，五不厌厌观，六深观。其中所谓染依止观，是指十二因缘分依止一心。

原典

经曰：如来所说十二因缘分，皆依一心。所以者何？随事①贪欲共心生②，即是识事即是行。行诳心故名无明，无明共心生名名色，名色增长名六入，六入分名触，触共生名受，受已无厌足名爱，爱摄不舍名取，此有分和合生有，有所起名生，生变熟名老，老坏名死。

论曰：此是二谛差别③，一心杂染和合④因缘集观。因观者有二种：一他因观，二自因观。

云何他因观？

注释

①**随事**：指随其行业。

②**贪欲共心生**：依《华严经探玄记》卷十三，这是说第六识中求生时，贪欲共阿赖耶识同时起。

③**二谛差别**：依《华严经探玄记》卷十三，其意

是所依心体为真谛，能依之有支是俗谛。

④ **一心杂染和合**：依《华严经探玄记》卷十三，一心是真，杂染是俗。此心随染和合，染而不染。

译文

经文：如来所说十二因缘，都是依于一心。为何这样说？因为众生随其行业，贪欲便同阿黎耶识共同生起，即识即行，行识不离。行欺蒙了心便称无明，无明共心而生名色，名色增长而有六入，六入相对而生触，触共心而生受，受而无厌足名为爱，爱而不舍名为取。此有漏种种因缘和合而生有，有之所起名为生，生变成熟名为老，老至朽坏名为死。

论释：这是二谛差别，一心是真，杂染是俗，真俗和合，便是因缘集观。所谓因观，可有二种：一是他因观，二是自因观。

如何是他因观？

原典

经曰：是中无明有二种作：一者缘中痴令众生惑，二者与行作因。行亦有二种作：一者生未来世果报，二者与识作因。识亦有二种作：一者能令有相续，二者与名色作因。名色亦有二种作：一者互相助成，二者与六入作因。六入亦有二种作：一者能缘六尘，二者与触作因。触亦有二种作：一者能触所缘，二者与受作因。受亦有二种作：一者觉憎爱等事，二者与爱作因。爱亦有二种作：一者于可染中生贪心，二者与取作因。取亦有二种作：一者增长烦恼染缚，二者与有作因。有亦有二种作：一者能于余道中生，二者与生作因。生亦有二种作：一者增长五阴，二者与老作因。老亦有二种作：一者令诸根熟，二者与死作因。死亦有二种作：一者坏五阴身，二者以不见知故而令相续不绝。

论曰：是中"坏五阴身"，"以不见知故而令相续不绝"者。坏五阴能作后生因，以不见知故能作后生因，是名他因观。云何自因观？无明等自生因观缘事故。何者是无明等因缘行？不断助成故。

译文

经文：其中无明有二种作用：一是因缘中愚痴令众生生惑，二是作行之因。行也有二种作用：一是生未来世之果报，二是作识之因。识也有二种作用：一是能令有相续不断，二是作名色之因。名色也有二种作用：

一是互相助成，二是作六入之因。六入也有二种作用：一是攀缘六尘，二是作触之因。触也有二种作用：一是能接触对象，二是作受之因。受也有二种作用：一是感觉情爱等事，二是作爱之因。爱也有二种作用：一是对于外物生贪心，二是作取之因。取也有二种作用：一是增长烦恼，二是作有之因。有也有二种作用：一是能生于人之外的其余世间诸道中，二是作生之因。生也有二种作用：一是增长五阴，二是作老之因。老也有二种作用：一是令诸根成熟，二是作死之因。死也有二种作用：一是破坏五阴之身，二是因为不见不知而令因缘相续不绝。

论释：其中"破坏五阴之身"，"因为不见不知故而令因缘相续不绝"，是说破坏五阴能作后生之因，因为不见不知，所以能作后生之因。这是他因观。何为自因观？是指无明等自生而成因缘之事。何为无明等因缘行？这是说无明等不断助成因缘之集。

原典

经曰：是中无明缘行者，无明因缘令行不断助成行故。行缘识者，行因缘令识不断助成识故。识缘名色者，识因缘令名色不断助成名色故。名色缘六入者，名色因缘令六入不断助成六入故。六入缘触者，六入因缘令触不断助成触故。触缘受者，触因缘令受不断助成受故。受缘爱者，受因缘令爱不断助成爱故。爱缘取者，爱因缘令取不断助成取故。取缘有者，取因缘令有不断助成有故。有缘生者，有因缘令生不断助成生故。生缘老死者，生因缘令老死不断助成老死故。

无明灭故则行灭，无明因缘无，行灭不助成故。行灭故则识灭，行因缘无，识灭不助成故。识灭故则名色灭，识因缘无，名色灭不助成故。名色灭故则六入灭，名色因缘无，六入灭不助成故。六入灭故则触灭，六入因缘无，触灭不助成故。触灭故则受灭，触因缘无，受灭不助成故。受灭故则爱灭，受因缘无，爱灭不助成故。爱灭故则取灭。爱因缘无，取灭不助成故。取灭故则有灭，取因缘无，有灭不助成故。有灭故则生灭，有因缘无，生灭不助成故。生灭故则老死灭，生因缘无，老死灭不助成故。

论曰：是中"无明缘行"，"无明因缘令行不断助成行"故者。无明有二种：一子时，二果时[①]。是中子时者令行不断，有二种义故，缘事示现[②]。如是余因缘分自生因二种义缘事应知。自因观者，不相舍离观故，离前支无后支观故，不离无明则成行[③]观。若不离无明有行者，不应言无明缘行。若离无明有行成者，异则不成。是故偈言：

众缘所生法，是则不即因④，
亦复不异因⑤，非断亦非常⑥。

自生因缘观如前说，无明有二种：一子时，二果时。行乃至老死亦如是。先际、后际灭，中际⑦亦无，是故不说。云何摄过观？所谓三道摄苦因、苦果故。

注释

①**子时、果时**：子时，指发行之无明。果时，指无明所发之行。即是说，无明为子，行为果。

②**二种义故，缘事示现**：是说子时为缘，果时为事。

③**不离无明则成行**：指不离子即成果。

④**不即因**：指所生之果，非能生之因，所以不等同。

⑤**不异因**：指所生之果从属于能生之因，所以不相异。

⑥**非断亦非常**：意思是说，由于果不即因，所以果不断、因不常；由于果不异因，所以果不常、因不断。或者说，因其不即，所以因果俱不断，因其不异，所以因果俱不常。

⑦ **先际、后际、中际**：此三际即三世，先际是过去世，后际是未来世，中际是现在世。

译文

经文：其中所谓无明缘行，是无明为因缘令行不断而助成行。所谓行缘识，是行为因缘令识不断而助成识。所谓识缘名色，是识为因缘令名色不断而助成名色。所谓名色缘六入，是名色为因缘令六入不断而助成六入。所谓六入缘触，是六入为因缘令触不断而助成触。所谓触缘受，是触为因缘令受不断而助成受。所谓受缘爱，是受为因缘令爱不断而助成爱。所谓爱缘取，是爱为因缘令取不断而助成取。所谓取缘有，是取为因缘令有不断而助成有。所谓有缘生，是有为因缘令生不断而助成生。所谓生缘老死，是生为因缘令老死不断而助成老死。

无明灭则行灭，因为如果没有无明因缘，行则灭而不得助成。行灭则识灭，因为没有行为因缘，识则灭而不得助成。识灭则名色灭，因为没有识为因缘，名色则灭而不得助成。名色灭则六入灭，因为没有名色为因缘，六入则灭而不得助成。六入灭则触灭，因为没有六入为因缘，触则灭而不得助成，触灭则受灭，因为没有触为因缘,受则灭而不得助成。受灭则爱灭,因为没有受为因缘,爱则灭而不得助成。爱灭则取灭,因为没有爱为因缘,取则灭而不得助成。取灭则有灭,因为没有取为因缘,有则灭而不得助成。有灭则生灭,因为没有有为因缘,生则灭而不得助成。生灭则老死灭,因为没有生为因缘,老死则灭而不得助成。

论释:其中"无明缘行","无明为因缘令行不断而助成行",此无明有二种:一是子时,二是果时。其中子时令行不断,说明二种意思,即子时为缘,果时为事。其余因缘分自生因也都同样含有这二种意义。所谓自因观,是不相舍离观,离前支无后支观,不离无明则成行观。如果不离无明有行,就不应说是无明缘行。如果离无明而有行成,那么相异则不成。所以(《中观论颂》)偈言:

众缘所生法,是则不即因,
亦复不异因,非断亦非常。

自生因缘观如前所说,无明有二种:一是子时,二是果时。行乃至老死也是如此。如果没有过去世、未来世,也就没有现在世,也便不能说三世。如何是摄过观?即是所谓三道摄苦因、苦果。

原典

经曰：是中无明、爱、取三分不断，是烦恼道。行、有二分不断，是业道。余因缘分不断，是苦道。先际、后际①，相续不断故，是三道不断，如是三道离我、我所。但有生灭故，犹如束竹。

论曰：云何护过观？若言因缘生者，分别有三种过：一者一切身一时生过。何以故？无异因故。二者自业无受报过。何以故？无作者故。三者失业过。何以故？未受果业已灭故。此三种过，以见过去世等异因答故，受生报等差别故。

注释

① **先际、后际**：依《华严经探玄记》卷十三，因缘十二支中前二支是能引，次五支是所引，次三支是能生，后二支是所生。对于三际分别，诸教典有三种说法：一是《华严经》之说，以能引为先际，所引为中际，能生、所生合而为后际；二是《唯识论》之说，以能引、所引、能生等前十支为现在世，所生之后二支为未来世，即十因分二果分成二世；三是生、引俱开妙智论，以前二支为过去，次八支为现在，后二支为未来，因此成三世说。

译文

经文：其中无明、爱、取三分不断，是烦恼道。行、有二分不断，是业道。其余因缘分不断，是苦道。十二因缘先际、后际相续不断，因而此三道也不断。三道离我、我所，只有生灭，所以如同束竹（束芦），相依而生，其中皆空。

论释：何为护过观？护过观是证现过失。对于因缘相生，外人有三种错误看法，即三种过失。其一是一切身一时生过。在外人看来，既然因缘相生无异因，为何不得五道之身一时并生？其二是自业无受报过。在外人看来，如果无我作业，那么谁来受报，所以无受报。其三是失业过。在外人看来，既然无有我，那么就无主体执持此业而令之至果，所以果业即灭。对此三种过失，以见过去世等异因来解答。差别因得差别报，由于因异，而得果异。

原典

经曰：无明缘行者，是见过去世事，识、名色、六入、触、受，是见现在世事，爱、取、有、生、老死，是见未来世事，于是见有三世转。无明灭故诸行灭，名为断因缘相续说。

论曰：无明缘行即是见过去世事者，现在生是过去作故，现在果即是当来，即是见过去世因义。识乃至受是见现在世事者，过去世中随所有业，彼业得现在识等果报，复能得未来果报。爱、取、有是见未来世事者，复有生一往定故。于是见有三世转者，复有后世生转故。

此说何义？有三种义故，过去业不得报。或有未作，或已作未得报，或得对治断故。是中无明缘行是作示现；行缘识乃至触受，此作已得报示现；爱、取、有不断，此不得对治示现；若断爱、取，虽有作业，则无明缘行不能生有。是故诸业有已作、未作，有得果、未得果，有已断、未断。①

若如是则无一切身一时生过。若尔非，一切业即当来受，亦非不受，亦非一时。若自作业，果报不失，非他身受故；若如是则无自业不受报过，他不作故。离彼三事业，定得果不失，若如是则无失业过。是名护三种过示现。

云何不厌厌观？厌种种微苦分别，所有受皆是苦故，及厌种种粗苦故。

注释

① 依《华严经探玄记》卷十三，已作是行支，未作是有支，已得果是识支等，未得果是生支等，已断指圣人，未断指凡夫。

译文

经文：无明缘行，是见过去世事。识、名色、六入、触、受，是见现在世事。爱、取、有、生、老死，是见未来世事，此中可见三世辗转。如果无明灭，诸行也便因之而灭，这就是断除因缘相续之说。

论释：所谓无明缘行即是见过去世事，是说由于现在之生是过去所作之业的结果，所以现在之果的到来是理所当然的，从现在之果即可见过去世之因。所谓识乃至受是见现在世事，是说过去世中所作之业，得到现在之识等果报，又能得未来果报。所谓爱、取、有是见未来世事，是说有之后又一定会有生。于是可见有三世的辗转，也有未来世的产生。

这里是说何义？其中包含三种意义，因之过去业不得报：其一是有未作，指就过去求爱、取、有等，当时未作业，所以现在不得生、老死之果；其二是已作未得报，指就现在求爱、取、有等，虽然已作业，但其作业现在尚未成熟，所以现在不得生、老死之果；其三是得对治断，是指如果业熟，本应得生、老死报果，但如果此生得圣果，则断爱、取，从而令已熟之业枯焦而不得报。经中所说无明缘行，是表示作业；行缘识乃至触、受，是表明作业已得报；爱、取、有不断，是表明此因缘未得到对治，如果断除爱、取，虽然有作业，那无明缘行也不能生有，所以诸业有已作、未作，有得果、未得果，有已断、未断。

如果这样，就没有一切身一时生之过，因为既有作、未作，有得报、未得报，有断、未断，就无由一时生。如果这样，也就不是一切业都当受报，也不是都不受报，也不是都一时受报；如果自作业，果报便不失，自作自受，他身不受，如此则无自业不受报之过，因为他身未作业。除去前述三种"不得"的情况，定得果报不失，如此则无失业之过。以上是显证三种过。

如何是不厌厌观？这是说一切受皆是苦，菩萨厌种种微苦，而二乘不厌，菩萨与二乘有分别，凡夫不厌种种粗苦，而菩萨与二乘皆厌。这就叫不厌厌观。

原典

经曰：十二因缘分说名三苦。是中无明、行、识、名色、六入名为行苦，触、受名为苦苦，余因缘分名为坏苦。无明灭故行灭，乃至生灭故老死灭，名为断三苦相续说。

论曰：云何深观？

译文

经文：十二因缘分说明三苦。其中无明、行、识、名色、六入称为行苦，触、受称为苦苦，其余因缘分称为坏苦。无明灭则行灭，乃至生灭则老死灭，称为断三苦相续之说。

论释：何为深观？

原典

经曰：无明因缘行生，因缘能生行，余亦如是。无明灭行灭，行无余亦如是。无明因缘行是生缚①说，余亦如是。无明灭行灭是灭缚说，余亦如是。无明因缘行是随顺有观说，余亦如是。无明灭行灭是随顺无所有尽观[②]说，余亦如是。

论曰：深观者有四种：一者有分非他作[③]。自因生故；二者非自作[④]。缘生故。如经"无明因缘行生，因缘能生行，余亦如是。无明灭行灭，行无余亦如是"故；三者非二作[⑤]，但随顺生[⑥]故，无知者[⑦]故，作时不住[⑧]故，如经"无明因缘行是生缚说，余亦如是。无明灭行灭是灭缚说，余亦如是"故；四者非无因作。随顺有故，如经"无明因缘行是随顺有观说，余亦如是。无明灭行灭是随顺无所有尽观说，余亦如是"故。

若无因生，生应常生，非不生。以无定因故，亦可恒不生。何以故？无因生故，此非佛法所乐。若尔随顺有观有因，非无因故，若无因，不得言随顺有。是名十种因缘集观。相谛差别观已说。

注释

① **生缚**：束缚、拘碍于生，未能离诸分明。

② **随顺无所有尽观**：随顺有而至于无所有，彻悟无上真理，表示不坏俗而恒真。

③ **非他作**：指果由自因而起，如无明为因缘而行生，无明是行的自因。

④ **非自作**：指果非自作，如因缘能生行，说明行

非自作。

⑤ **非二作**：指既非他作，又非自作。

⑥ **但随顺生**：指随俗而说生，理实无生。

⑦ **无知者**：《华严经探玄记》卷十三引慧远之释说，这是从另一角度解释"非他作"，指并非我有意造作。

⑧ **作时不住**：《华严经探玄记》卷十三引慧远之释说，这是从另一角度解释"非自作"，指无明作行之时，行无自性；无明作时，又起后行，所以无明作时行不停止。

译文

经文：无明为因缘而行生，因缘能生行，其余（因缘支）也是如此。无明灭则行灭，行无其余（因缘支）也是如此。无明为因缘而生行，这是拘执于生的说法，其余也是如此。无明灭则行灭，这是拘执于灭的说法，其余也是如此。所谓无明因缘行，是随顺有观之说，其余也是如此。所谓无明灭则行灭，是随顺有而至无所有观之说，其余也是如此。

论释：深观有四种：一是有分非他作。因为报果是由于自因而起；二是非自作。因为报果都是由因缘而生，并非自生。正如经中所说"无明为因缘而行生，因缘能生行，其余也是如此。无明灭则行灭而行就无生，其余也是如此";三是既非他作,又非自作。因为这只是随俗而说生,理实无生;因为并非我有意造作,所以非他作;因为无明作行之时,行无自性,而且不停住,所以非自作。正如经中所说"无明为因缘而行生,是拘执于生的说法,其余也是如此。无明灭则行灭,是拘执于灭的说法,其余也是如此";四是非无因而作。因为是随顺因缘而有,正如经中所说"无明因缘行,是随顺有观之说,其余也是如此。无明灭则行灭,是随顺有而至无所有观之说,其余也是如此"。

如果无因而生,那么生应常生,并非不生。因为没有定因,所以又可说是恒无生。无因而生之说,是最大邪见,并非佛法所乐。这样便可明白,随顺有观是有因,并非无因,如果无因,则不得说随顺有。这是十种因缘集观。已说相谛差别观。

原典

经曰:是菩萨如是十种逆顺观因缘集法,所谓因缘分次第故,一心所摄故,自业成故,不相舍离故,三道不断故,观先后际故,三苦集故,因缘生故,因缘生灭缚故,随顺有尽观故。①

论曰:复有二种异观:一大悲随顺观,二一切相智分别观。大悲随顺观者有四种：一愚痴颠倒，二余处求解脱，三异道求解脱，四求异解脱。

云何愚痴颠倒？随所著处愚痴及颠倒此事观故，以着我故，一切处受生，远离我故，则无有生。云何愚痴？无明暗故，如经"是菩萨观世间生灭已，作是念：世间所有受身生处差别，皆以贪着我故，若离着我则无世间生处"故。愚痴所盲，贪着于我，如是颠倒及有相支中疑惑颠倒，如经"菩萨复作是念：此诸凡夫愚痴所盲，贪着于我，无智暗障，常求有无"如是等故。

云何余处求解脱？是凡夫如是愚痴颠倒，常应于阿梨耶识及阿陀那识中求解脱[2]，乃于余处我、我所中求解脱。此对治，如经"是菩萨作是念：三界虚妄，但是一心作"乃至"老坏名死"故。

云何异道求解脱？于颠倒因中求解脱。颠倒因有三种：性因自在天因、苦行因及无因。不应如是求。何以故？因缘有支二种业能起因缘事故。如经"是中无明有二种作：一者缘中痴令众生惑，二者与行作因"如是等故。自生因故。如经"是中无明缘行者，无明因缘令行不断助成行故"如是等故。烦恼业妄想因故。非乐因故。如经"是中无明、爱、取三分不断，是烦恼道"如是等故。先中际因[3]故，及中后际因[4]故，中际前后二际[5]故，如经"是中无明因缘行者，是见过去世事"如是等故。若无如是事则种种众生亦无。

云何求异解脱？真解脱者有四种相：离一切苦相，无为相，远离染相，出世间相。彼诸行苦事随逐乃至无色有缚，如经"十二因缘分说名三苦，无明、行"乃至"六入名为行苦"如是等故。如是因缘生故，如经"是中无明因缘行，因缘能生行，余亦如是"等故。如是复染生缚，如经"是中无明缘行是生缚说，余亦如是"等故。如是随顺有求无色有解脱，如经"无明因缘行，随顺有观说，余亦如是"等故。如是大悲随顺观因缘集已说。

一切相智分别观者，是中有九种：

一染净分别观。着我慢、离我慢染净故，如经"是菩萨观世间生灭已，作是念：世间所有受身生处差别，皆以贪着我故，若离着我，则无世间生处"故。

二依止观。此因缘集依何等法，如经"是菩萨复作是念：不如实知诸谛第一义故，名为无明"如是等故。

三方便观。因缘有支二种业能起因缘事故，如经"是中无明有二种作：一者缘中痴令众生惑，二者与行作因"如是等故。

四因缘相观。有支无作故，如经"是中无明缘行，无明因缘令行不断助成行故"如是等故。

五入谛观。三道苦集谛故，如经"是中无明、爱、取三分不断,是烦恼道。行、有二分不断,是业道。余因缘分不断,是苦道"故。

六力无力信入依观。先中后际化胜故,如经"无明缘行者,是见过去世事"如是等故。

七增上慢非增上慢信入观。不如实知微苦我慢故,如经"是中无明、行乃至六入名为行苦"如是等故。

八无始观。中际因缘生故,后际生随顺缚故,如经"无明因缘行,因缘能生行,余亦如是。无明因缘行是生缚说,余亦如是"故。

九种种观。随顺有观故,欲、色、无色爱等,如经"无明因缘行,随顺有观说,余亦如是"故。如是不住道行胜已说。

次说彼果胜有五种相:一得对治行胜及离障胜,二得修行胜,三得三昧胜,四得不坏心胜,五得自在力胜。云何得对治行胜?谓三解脱门。

注释

① 《华严经探玄记》卷十三总此十种观法为:一有支行列,二摄归一心,三力用相生,四前后相属,五三道轮环,六三际因果,七三苦过失,八从因无性,九似有若无,十泯同平等。

② **应于阿梨耶识及阿陀那识中求解脱**：依《华严经搜玄记》卷三，这是说应于梨耶缘起法中求解脱，即用识境以治我境，以唯识智治我智。

③ **先中际因**：过去二支是先际，与现在识等中际为因。

④ **中后际因**：中际爱、取、有，与未来后际为因。

⑤ **中际前后二际**：中际内之识等五果分可属前际，爱等三因分可属后际。

译文

经文：此菩萨如此观十种逆顺观因缘集法，这即是所谓十二因缘分有次序，一心所摄，自业作成，不相舍离，三道不断，观三际因果，三苦集过，因缘无性，因缘生灭，随有而至无所有观等十种。

论释：又有二种异观：一大悲随顺观，二一切相智分别观。大悲随顺观有四种：一是愚痴颠倒，二是别处求解脱，三是外道求解脱，四是求异解脱。

何谓愚痴颠倒？是对所处境况愚而无知，颠倒观察事物，不解真相。由于贪着有我，所以处处受生；远离我则无有受生。何谓愚痴？即是被无明所障，如经所说"此菩萨观察世间生灭之后，便生此念：世间所有之受身生处差别，都是由于贪着有我而造成。如果脱离着我，则无由生于世间"。愚痴盲目，贪着于我，是取我之颠倒；又于事相中产生疑惑，是取我所之颠倒。如经所说"菩萨又作此念：这些凡夫愚痴盲目，贪着于我，无有智慧，障垢蒙蔽，常求有无"如此等等。

如何是别处求解脱？此凡夫如此愚痴颠倒，本应于阿梨耶识缘起法中求解脱，用识境以治我境。凡夫不明此理，却于我、我所中求解脱。为对治此症，所以经中说"此菩萨这样想：三界虚妄，只是一心所作"乃至"老坏名为死"。

如何是外道求解脱？即是在颠倒因中求解脱。颠倒因中有三种：自性因或自在天因、苦行因、无因。不应如此去求。为何不能如此求？十二因缘支有二种作业，能起因缘事，所以经中说"无明有二种作用：一是因缘中愚痴令众生生惑，二是作行之因"如此等等，所以不应于自性中求。佛法之因，是自生因，正如经中所说"其中所谓无明缘行，是以无明为因缘令行不断而助成行"如此等等，所以不应于自在天中去求。烦恼业妄想因，非佛法之乐因，正如经中所说"此中无明、爱、取三分不断，是烦恼道"如此等等，所以不能在苦行中求。十二因缘支，过去二支是先际，与现在识等中际为因，中际爱、取、有，与未来后际为因，中际、前后二际因缘不断，如经所说"无明缘行，是见过去世事"如此等等，如果没有如此因事，便没有种种众生果事，所以不可说无因。

如何是求异解脱？真解脱有四种相：离一切苦相，无为相，远离染相，出世间相。而求异解脱，则是诸行苦事相随，乃至无色界，仍有拘缚，如经所说"十二因缘分说明三苦，无明、行"乃至"六入称为行苦"，如此等等，未能离一切苦。如此因缘相生，如经所说"此中无明因缘行，因缘能生行，其余也是如此"等，未得无为相。如此便有染缚，如经所说"无明为因缘而生行，这是拘执于生的说法，其余也是如此"等等，未能远离染相。这样随顺有而求无色界之有解脱，如经所说"无明因缘行，是随顺有观之说，其余也是如此"等等，未得出世间相。以上是说菩萨大悲随顺观因缘之集。

所谓一切相智分别观，其中有九种：

一是染净分别观。以着我而生烦恼为染，以离我而灭烦恼为净，如经所说"此菩萨观世间生灭之后，便作此念：世间所有受身之生处差别，都是由于贪着有我，如果脱离着我，则无由生于世间"。

二是依止观。这是说此因缘集依于何等法，如经所说"此菩萨又起此念：不能实知深妙真理，所以称为无明"如此等等。

三是方便观。因缘之二种业力，方便发起事果，如经所说"此种无明有二种作用：一是因缘中愚痴令众生生惑，二是作行之因"如此等等。

四是因缘相观。因缘生果之状相中，没有主体指使，如经所说"其中无明缘行，是无明为因缘令行不断而助成行"如此等等。

五是入谛观。这是指三道苦集谛，如经所说"此中无明、爱、取三分不断，是烦恼道。行、有二分不断，是业道。其余因缘分不断，是苦道"。

六是力无力信入依观。是指十二因缘支中先际、中际、后际转胜，则先为有力，后为无力。如无明、行生识等果，名为有力，识等不招感后果，名为无力。此因果转化令人依信，即是信入依观。如经所说"无明缘行者，是见过去世事"如是等等。

七是增上慢、非增上慢信入观。小乘人不能如实知微苦我慢，未断行苦，便以为得至道，名为增上慢。但已断粗惑，所以又名为非增上慢。此深苦令人信入，即是信入观。如经所说"其中无明、行乃至六入名为行苦"如此等等。

八是无始观。中际以先际为因缘而生，后际之生又是随顺因缘染缚，如经所说"无明因缘行，因缘能生行，其余也是如此。无明因缘行，是拘缚于生的说法，其余也是这样"。

九是种种观。即是随顺有观,于欲界、色界、无色界有爱着等,如经所说"无明因缘行,是随顺有观之说,其余也是如此"。以上是不住道行胜。

以下说果胜。其果胜有五种相:一是得对治行胜及离障胜,二是得修行胜,三是得三昧胜,四是得不坏心胜,五是得自在力胜。何为对治行胜?就是三解脱门。

原典

经曰:是菩萨如是十种观因缘集已,无我、无寿命、无众生,自性空,离作者、受者。如是观时,空解脱门现前生。是菩萨观彼有支自性灭故,常解脱现前。见因缘处无少法相可生,如是不见少法相故,无相解脱门现前生。是菩萨如是入空、入无相,不生愿乐,唯除大悲为首,教化众生,如是无愿解脱门现前生。是菩萨修行是三解脱门,离彼我相,离作者受者相,离有无相。

论曰:是中空解脱门有三种相说:一见众生无我,二见法无我,三彼二作无见,无作者故。如经"是菩萨如是十种观因缘集已,无我、无寿命、无众生,自性空,离作者、受者。如是观时,空解脱门现前生"故。

见众生无我者，无我、无寿命、无众生，此句示现。见法无我者，自性空，此句示现。彼二作无者，见众生及法无作事等。以无作者，作事亦无。不见作者故，离作者、受者，此句示现。

无相解脱门亦三种相说：一灭障，二得对治，三念相不行。如经"是菩萨观彼有支自性灭故，常解脱现前。见因缘处无少法相可生，如是不见少法相故，无相解脱门现前生"。是中灭障者，观彼有支自性灭故，此句示现。得对治者，常解脱现前，此句示现。念相不行者，见因缘处无少法相可生，此句示现。

无愿解脱门亦三种相说：一依止，二体，三胜。如经"是菩萨如是入空、入无相，不生愿乐，唯除大悲为首，教化众生，如是无愿解脱门现前生"故。是中入空、入无相，是名依止。以依止入空、入无相故，能成无愿，不生愿乐。不生愿乐，是名无愿体。大悲为首，教化众生者，是名为胜。声闻亦有不生愿乐，无愿体远离大悲，不乐教化众生故。灭障胜者，离三种相故，如经"是菩萨修行是三解脱门，离彼我相，离作者受者相，离有无相"故。

如是次第于五地中远离平等深净心故[①]，四地中远离出没等相，此六地中远离法平等故。

注释

① 依《华严经探玄记》卷十三，"于五地中远离平等深净心故"一句是例说，正说应是"以平等深净心故远离于五地"。

译文

经文：此菩萨如此十种观因缘集之后，无我、无寿命、无众生，自性空寂，又离作者、受者。如此观察时，空解脱门便现前而生。此菩萨观十二因缘自性寂灭，所以常得解脱现前。见因缘之处，绝无法相可生，因其不见法相，所以无相解脱门得现前而生。此菩萨如此证悟空、证悟无相，不生愿乐，唯以大悲为首，教化众生，这样无愿解脱门便得现前而生。此菩萨修行这三种解脱门，离彼我之相，离作者、受者之相，离有无之相。

论释：经中所谓空解脱门，是说三种相：一见众生无我，二见法无我，三人、法二我之体既空，二我之作用亦空。如经所说"此菩萨如此十种观因缘集之后，无我、无寿命、无众生，自性空寂，又离作者、受者。如此观察时，空解脱门便现前而生"。所谓见众生无我，即是"无我、无寿命、无众生"一句的含义。所谓见法无我，即是"自性空寂"一句的含义。所谓人法二我之作用空，是说见众生及法无有作事等。由于无有作者，也便没有所作之事。因为不见作者，所以说"离作者、受者"。

无相解脱门也有三种相说：一灭障，二得对治，三念相不行。如经所说"此菩萨观十二因缘自性寂灭，所以常得解脱现前。见因缘之处，绝无法相可生，因其不见法相，所以无相解脱门得现前而生"。所谓灭障，即是"观十二因缘自性寂灭"一句的含义。所谓得对治，即是"常得解脱现前"一句的含义。所谓念相不行，即是"见因缘之处，绝无法相可生"一句的含义。

无愿解脱门也有三种相说：一依止，二体，三胜。如经所说"此菩萨如此证悟空、证悟无相，不生愿乐，唯以大悲为首，教化众生，这样无愿解脱门便得现前而生"。其中所谓证悟空、证悟无相，即是依止，因依止于悟空、悟无相，所以能成无愿，不生愿乐。"不生愿乐"，名为无愿之体。"大悲为首，教化众生"，名为胜。声闻小乘也有不生愿乐，但其无愿乐之体远离大悲，不乐于教化众生，与此相比较，菩萨之大悲为首，教化众生，便名之为胜。所谓灭障胜，是说离三种相，如经所说"此菩萨修行这三种解脱门，离彼我之相，离作者受者之相,离有无之相"。

这样依次修行,在五地中便以平等而远离染净心,在四地中远离出没等相,又在此第六地中,远离平等法,得无相无愿,破遣有无,六地圆满,所以说灭障胜。

5　卷十二——十地法云地

原典

经曰：尔时金刚藏菩萨言：佛子，若菩萨如是无量智、善观智，乃至第九菩萨地善择智，善满足清白法，集无量助道法，善摄大功德智慧。广行增上大悲，广知世界差别，深入众生界稠林①行，念随顺入如来行境界，深入趣向如来力、无畏、不共佛法，名为得至一切种一切智智受位地。

论曰：是中地方便作满足地分②者，于初地至九地中善择智业应知。如经"佛子，若菩萨如是无量智、善观智，乃至第九菩萨地善择智"故。此善择智有七种相：一善修行故。有三句，如经"善满足清白法，集无量助道法，善摄大功德智慧"故。此诸句次第相释应知；二普遍随顺自利利他故。如经"广行增上大悲"故；三令佛土净。如经"广知世界差别"故；四教化众生。如经"深入众生界稠林①行"故；五善解。如经"念随顺入如来行境界"故。如来境界者，真如法故；六无厌足。如经"深入趣向如来力、无畏、不共佛法"故；七地尽至入，如经"名为得至一切种一切智智受位地"故。如是十地方便作满足地分②已说。

云何得三昧满足分？

注释

① **稠林**：比喻种种烦恼交织，繁茂如林。十地中第九善慧地之菩萨实知心行、烦恼行、业行、根行、信行、性行、深心行、使行、生行、习气行、三聚差别行等十一种稠林。

② **方便作满足地分**：世亲将第十地之内容分为八个部分，即方便作满足地分、得三昧满足分、得受位分、入大尽分、地释名分、神通力无上有上分、地影像分、地利益分。方便作满足地分，是说十地总摄前九地所修诸行以为方便，使十地得满足。

译文

经文：当时金刚藏菩萨说：佛子，如果菩萨有如此无量智、善观察智，乃至第九菩萨地之善决择妙智，善能满足清白大法，集无量助道法，善于摄取大功德智慧，广行无上大悲，广知世界差别，深入众生界烦恼之林，念念随顺证入如来行境界，深入趣向如来之十力、四无畏等殊胜佛法，名为得至佛智受位地。

论释：此中所谓地方便作满足地分，是指从初地至九地中善于抉择妙智之德行，如经所说"佛子，如果菩萨有如此无量智、善观察智，乃至第九菩萨地之善抉择妙智"。此种善择之智有七种相：一是善于修行。经中有三句，即"善能满足清白大法，集无量助道法，善于摄取大功德智慧"。此三句依次互释；二是普遍随顺自利利他。如经所说"广行增上大悲"；三是令佛土清净。如经所说"广知世界差别"；四是教化众生。如经所说"深入众生界烦恼之林"；五是善解。如经所说"念念随顺证入如来行境界"。所谓如来境界，即是真如法；六是不厌足。如经所说"深入趣向如来之十力、四无畏等殊胜佛法"；七是地尽得证。如经所说"名为得至佛智受位地"。以上是说十地方便作满足地分。

如何是得三昧满足分？

原典

经曰：佛子，菩萨随顺行如是智，得入受位地，即得菩萨名，离垢三昧而现在前。名入法界差别三昧，名庄严道场三昧，名一切种花光三昧，名海藏三昧，名海成就三昧，名虚空界广三昧，名善择一切法性三昧，名随一切众生心行三昧，名现一切诸佛现前住菩萨三昧而现在前。如是等上首十阿僧祇百千诸三昧门皆现在前。是菩萨皆悉入此一切三昧，善知三昧方便，乃至三昧所作正受，此菩萨乃至十阿僧祇百千三昧，最后三昧，名一切智智受胜位菩萨三昧而现在前。

论曰：得三昧满足者，离垢三昧等共眷属现前故。离垢三昧者，离烦恼垢故。而现在前者，不加功力，自然现在前故。此离垢三昧复有九种三昧，离八种垢应知：一入密无垢。如经名"入法界差别三昧"故；二近无垢。如经名"庄严道场三昧"故；三放光无垢。如经名"一切种花光三昧"故；四陀罗尼无垢。如经名"海藏三昧"故；五起通无垢。如经名"海成就三昧"故；六清净佛土无垢。有二句，无量正观故，如经名"虚空界广三昧"，名"善择一切法性三昧"故；七化众生无垢。如经名"随一切众生心行三昧"故；八正觉无垢。成菩提时一切诸佛迭共现前知故，如经名"现一切诸佛现前住菩萨三昧而现在前"故，乃至名"一切智智受胜位菩萨三昧而现在前"者，一切智智无分别，一切智智平等，受位故。善知三昧方便，乃至三昧所作正受者满足三昧事示现。如是十地得三昧满足分已说。

云何得受位分？

译文

经文：佛子，菩萨随顺而行如此智慧，便得入受位地，即得菩萨之名，离垢三昧而现在前，离诸烦恼而得清净。伴随离垢三昧，又有诸种三昧而现在前，诸种三昧名为入法界差别三昧，名为庄严道场三昧，名为一切种华光三昧，名为海藏三昧，名为海成就三昧，名为虚空界广三昧，名为善择一切法性三昧，名为随一切众生心行三昧，名为现一切诸佛现前住菩萨三昧。如此等等，无量无数不可算计最上三昧门皆现在前。此菩萨能入此等一切三昧，善知三昧方便，乃至得三昧所作正受。所谓正受，正即是心定而离邪，受即是无念无想而纳法在心。这样，此菩萨便能入无量无数不可算计之三昧，最后所得三昧，名为一切智智受胜位菩萨三昧，此最高三昧而现在前。

论释：所谓得三昧满足分，是说离垢三昧所属之种种三昧皆现在前。所谓离垢三昧，即是离烦恼垢染。所谓现在前，是不加任何功力，自然而然现前。离垢三昧又有九种三昧，离八种垢应知：一是入密无垢。如经所说"入法界差别三昧"。法界深奥，所以称之为密；二是近无垢。如经所说"庄严道场三昧"。行近佛果，名为庄严道场；三是放光无垢。指其身放光之作用，如经所说"一切种华光三昧"；四是陀罗尼无垢。口辩总持无量佛法，如经所说"海藏三昧"；五是起通无垢。意业现通，随缘妙用，如经所说"海成就三昧"；六清净佛土无垢。此有二种三昧，一说净土无量广大，如经所说"虚空界广三昧"，二说正观深远，如经所说"善择一切法性三昧"；七是化众生无垢。显利他之德，如经所说"随一切众生心行三昧"；八是正觉无垢。将成菩提正觉之时，诸佛迭共现前，如经所说"现一切诸佛现前住菩萨三昧而现在前"，乃至"一切智智受胜位菩萨三昧而现在前"，是说因得殊胜受位地，而成就一切智智无分别，一切智智平等。所谓善知"三昧方便"，乃至"得三昧所作正受"，是显示三昧满足之事。以上是说十地得三昧满足分。

如何是得受位分？

原典

经曰：是三昧现在前时，即有大宝莲华王出，周圆如十阿僧祇百千三千大千世界，一切众宝间错庄严，过于一切世间境界。出世间善根所生，行诸法如幻性境界所成。光明普照一切法界，过一切诸天所有境界。大琉璃摩尼宝为茎，不可量栴檀王为台，大玛瑙宝为须，阎浮檀金为叶。华身有无量光明，一切众宝间错其内，无量宝网弥覆其上，满十三千大千世界微尘数等莲花以为眷属。如是成就具足诸相已，尔时菩萨其身姝妙，称可花座。

是菩萨得一切智智受胜位三昧力故，实时身在大宝莲花王座上坐。是菩萨在大宝莲花王座上坐时，尔时大宝莲花王眷属莲花座上皆有菩萨，一一菩萨皆坐莲花座上，围绕彼菩萨，一一菩萨各得十十百千三昧，皆一心恭敬瞻仰大菩萨。

论曰：是中得受位者，随何等座，随何等身量，随何等眷属，随何等相，随何等出处，随所得位。随如是说，六事应知。是中座处者有十种相：一生相。如经"是三昧现在前时，即有大宝莲花王出"故；二量相。如经"周圆如十阿僧祇百千三千大千世界"故；三胜相。如经"一切众宝间错庄严"故；四地相。如经"过于一切世间境界"故；五因相。如经"出世间善根所生"故；六成相。如经"行诸法如幻性境界所成"故；七第一义相。如经"光明善照一切法界"故。善照者，名为正观故；八功德相。过一切诸天故，如经"过一切诸天所有境界"故；九体相。茎台等，如经"大琉璃摩尼宝为茎"等；十庄严具足相。如经"华身有无量光明，一切众宝间错其内，无量宝网弥覆其上"故。随何等身量者，身称花座，如经"尔时菩萨其身姝妙，称可花座。"如是等。随何等眷属者，此坐处大宝莲花王座眷属，菩萨眷属住在其中，如经"尔时大宝莲花王眷属"如是等。

译文

经文：受胜位三昧现前时，便有大宝莲华王生出，其圆周广大无比，如无量无数不可算计之三千大千世界，一切众宝间错庄严，超过一切世间境界。这是出世间善根所生，是行诸法的如幻性境界所成。其所得第一义相，光明善照一切法界，胜过一切诸天所有境界。此莲华王以大琉璃宝珠为茎，无量广大之檀香木为台，大玛瑙珍宝为须，阎浮檀金为叶，莲华身有无量光明，一切众宝间错其内，无数珍宝之网罗织其上，有无数莲花为其眷属。如此诸相具足成就之后，当时菩萨自身殊妙，正与花座相称。

此菩萨由于已得殊胜佛智受位三昧之力，其身当即坐在大宝莲花王座上，他坐在大宝莲花王座上时，同时大宝莲花王之眷属莲花座上也都有菩萨，一一菩萨都坐在莲花座上。围绕此大菩萨，一一菩萨各得百千万三昧，都一心恭敬瞻仰大菩萨。

论释：经中是说得受位时之景观，有六个方面：随何等座，随何等身量，随何等眷属，随何等相，随何等出处，随所得位。其中座处有十种相：一是生相。如经所说"受胜位三昧现前时，便有大宝莲华王生出"；二是量相。如经所说"其圆周广大无比，如无量无边之三千大千世界"；三是殊胜相。如经所说"一切众宝间错庄严"；四是地相。如经所说"超过一切世间境界"；五是因相。如经所说"出世间善根所生"；六是成相。如经所说"行诸法的如幻境界而成"；七是第一义相。如经所说"光明善照一切法界"。所谓善照，即是正观；八是功德相。因其功德胜过诸天，所以经中说"胜过一切诸天所有境界"；九是体相。即茎、台等，如经所说"大琉璃珠宝为茎"等；十是庄严具足相。如经所说"华身有无量光明，一切众宝间错其内，无数珍宝之网罗织其上"。所谓随何等身量，是指菩萨身与花座相称,如经所说"当时菩萨自身殊妙,正与花座相称"等等。所谓随何等眷属,是指大菩萨所坐之大宝莲花王座之眷属莲花座上,有菩萨眷属住在其中,如经所说"同时大宝莲花王之眷属莲花座上也都有菩萨"等等。

原典

经曰:是菩萨升大宝莲花王座,及眷属菩萨坐莲花座入三昧已,尔时十方一切世界皆大震动,一切恶道皆悉休息,光明普照一切法界,一切世界皆悉严净,皆得见闻一切诸佛大会。何以故?佛子,是菩萨坐大宝莲花王座时,实时两足下放十阿僧祇百千光明,出已悉照十方无量阿鼻地狱等,灭众生苦恼。两膝放十阿僧祇百千光明,出已悉照十方无量畜生,灭除苦恼。脐轮放十阿僧祇百千光明,出已悉照十方无量饿鬼,灭除苦恼。左右胁放十阿僧祇百千光明,出已悉照十方无量人身,灭除苦恼。两手放十阿僧祇百千光明,出已悉照十方无量诸天、阿修罗宫。两肩放十阿僧祇百千光明,出已悉照十方无量声闻人。项背放十阿僧祇百千光明,出已悉照十方无量辟支佛身。面门放十阿僧祇百千光明,出已照十方无量从初发心乃至得九地菩萨。白毫相[1]放十阿僧祇百千光明,出已悉照十方无量得位菩萨身而住,一切魔宫隐蔽不现。顶上放十阿僧祇百千三千大千世界微尘数光明,出已悉照十方一切诸佛大会,围绕一切世界十匝,住虚空中,成大光明轮网台,名高大光明,作大供养,供养诸佛。

如是供养从初发心乃至得九地菩萨所作供养诸佛,百分不及一,千分不及一,百千分不及一,百千那由他分不及一,亿分不及一,百亿分不及一,千亿分不及一,百千亿分不及一,百千亿那由他分不及一,乃至算数譬喻所不能及。

是大光明轮网台,胜十方世界所有华香、末香、烧香、涂香、散香、花鬘、衣服、宝盖、幢幡、众宝、璎珞、摩尼宝珠供养之具,过于一切世间境界。以从出世间善根生故。一一佛大会上皆雨众宝,犹如大雨。若有众生觉知如是供养者,当知皆是必定不退无上大道。如是诸光明雨大供养已,彼一切光明悉照十方一切诸佛大会,围绕一切世界十匝,入诸佛足下。尔时彼诸佛及彼大菩萨,知某世界中某甲菩萨行如是菩萨道,成就菩萨得位地时,又佛子,实时十方无边菩萨乃至住九地者,皆来围绕,设大供养,一心瞻仰,各得十十百千三昧。诸得位地菩萨,于功德庄严金刚万字[2]胸出一大光明,名坏魔怨[3]。有十阿僧祇百千光明以为眷属,出已悉照十方无量世界,示无量神力,亦来入是大菩萨功德庄严金刚万字胸，此光明灭已，是菩萨实时得百千增上大势力功德智慧，而现在前。

论曰：随何等相者，一切世界动等相，如经"是菩萨升大宝莲花王座"乃至"皆得见闻一切诸佛大会"故。随何等出处者，以出光明故。复次光明三种业应知：一利益业，二发觉业，三摄伏业。如经"何以故？佛子，是菩萨坐大宝莲花王座，实时两足下放十阿僧祇百千光明"，乃至"功德智慧，而现在前"故。必定不退无上大道，于地中决定义故，复有异义④定不放逸，所作之事决定心故。功德庄严金刚万字胸者，于菩萨胸中有功德庄严金刚万字相，名为无比。

注释

①**白毫相**：世尊在两眉间有柔软细泽之白毫，能放光明，众生遇此相，可消除业障，身心安乐。

②**万字**：佛及十地菩萨胸臆等处之德相，意为吉祥海云，是佛三十二相之一，八十种好之一。

③**魔怨**：指恶魔。恶魔为人之怨敌。

④**异义**：邪异之心。

译文

经文：此菩萨升大宝莲花王座，及眷属菩萨坐莲花座而入三昧之后，当时十方一切世界皆大震动，一切恶道皆悉止息，光明普照一切法界，一切世界皆得严净，皆得见闻一切诸佛大会。为何能得如此？佛子，由于此菩萨坐在大宝莲花王座之时，即刻两足下放出百千无量光明，此光普照十方无量阿鼻地狱等，摧灭众生苦恼。两膝放百千无量光明，此光明普照十方无量畜生，灭除苦恼。脐轮放出百千无量光明，此光明普照十方无量饿鬼，灭除苦恼。左右胁放出百千无量光明，此光明普照十方无量人身，灭除苦恼。两手放出百千无量光明，此光明普照十方无量诸天及阿修罗宫。两肩放出百千无量光明，此光明普照十方无量声闻人。项背放出百千无量光明，此光明普照十方无量缘觉身。面门放出百千无量光明，此光明普照十方无量之从初发心乃至得九地菩萨。白毫相放出百千无量光明，此光明普照十方无量得位菩萨身，使魔宫隐蔽不现。头顶上放出百千无量光明，此光明普照十方诸佛大会，围绕一切世界十匝，停住于虚空之中，而成大光明轮网台，此名为高大光明，作大供养而供养诸佛。

如此供养，从初发心乃至得九地菩萨所作之供养诸佛，皆不能及，百分不及一，千分不及一，百千分不及一，百千那由他分不及一，亿分不及一，百亿分不及一，千亿分不及一，百千亿分不及一，百千亿那由他分不及一，乃至任何计算譬喻皆所不能及。

此大光明轮网台，胜过十方世界所有华香、末香、烧香、涂香、散香、花鬘、衣服、宝盖、幢幡、众宝、璎珞、宝珠等供养之具，超过一切世间境界。因其从出世间善根中生出，所以在一一佛大会上皆落众宝，犹如大雨。如果众生能觉知如此大供养，便知此是必定不退之无上大道。如此诸光明如雨而作大供养之后，其一切光明普照十方一切诸佛大会，围绕一切世界十匝，入诸佛足下。此时诸佛及大菩萨，便能知某世界中某位菩萨行如此菩萨道，成就菩萨的得位地之时。佛子，实时十方无量无边之菩萨，乃至住九地之菩萨，都来围绕，设大供养，一心瞻仰，诸菩萨各得百千万三昧。凡得位地之菩萨，其功德庄严金刚万字胸中，能放出一大光明，此光明即可摧破恶魔。同时有百千无量光明以为眷属，此光明普照十方无量世界，显现无边神力，也来入此大菩萨功德庄严金刚万字胸。此光明消失之后，此菩萨即刻得百千无上大势力功德智慧，而现在前。

论释：所谓随何等相，是指一切世界震动等相，如经所说"此菩萨升大宝莲花王座"乃至"皆得见闻一切诸佛大会"。所谓随何等出处，是指放出光明。应知光明有三种作业：其一是利益业。对凡夫、小乘、菩萨作利益；其二是发觉业。发觉诸菩萨及诸佛；其三是摄伏业。摄取九地以下菩萨皆来供养，慑伏恶魔使魔宫隐蔽。如经所说"为何能得如此？佛子，由于此菩萨坐在大宝莲花王座之时，即刻两足下放出百千无量光明"，乃至"功德智慧，而现在前"。说必定不退无上大道，是由于十地决定了证悟，又入正定，远离邪恶，所作之事，皆是善定。所谓功德庄严金刚万字胸，是说菩萨胸中有功德庄严金刚万字相，其德相高大无比。

原典

经曰：如是佛子，尔时诸佛放眉间白毫相光，名益一切智通，有阿僧祇光明眷属，照于十方一切世界，无有遗余。十匝围绕一切世界，示于诸佛大神通力，劝发无量百千万亿诸佛，一切十方诸佛国土六种震动①，灭除一切恶道苦恼，一切魔宫隐蔽不现，示一切诸佛得菩提处，示一切诸佛大会神通庄严之事，照明一切法界际，一切虚空界，尽一切世界已还来集，在一切菩萨大会之上周匝围绕，示大神通光明庄严之事。是光明入彼大菩萨顶上，其诸眷属光明入诸眷属莲花座上。

菩萨顶上光明入是菩萨身时，彼诸菩萨各得先所未得十十百千三昧。彼诸光明一时入彼菩萨顶时，彼菩萨名为得位，入诸佛境界，具佛十力，堕在佛数。

佛子，譬如转轮圣王长子，玉女宝②所生，具足王相。转轮圣王令子在白象宝阁浮檀金座上，取四大海水，上张罗网、宝盖、幡华、宝幢种种庄严，手执金钟香水灌子顶上，即名灌顶刹利王数。具足转十善道③故，得名转轮圣王。

如是佛子，彼菩萨从诸如来得受位已，名得智位，具足十力，堕在佛数。佛子，是名菩萨大乘位地。菩萨为是位故，受无量百千万亿苦难行事。是菩萨得是位已，无量功德智慧转增，名为安住菩萨法云地。

论曰：随所得位者，诸如来光明。彼菩萨迭互知平等摄受④故，如经"如是佛子，尔时诸佛放眉间白毫相光，名益一切智通"如是等。

云何得位？如转轮圣王长子，如经"譬如转轮圣王长子"如是等。此菩萨同得位时，名为善住此地中，如经"是菩萨得是位已，无量功德智慧转增，名为安住菩萨法云地"。如是得受位分已说。

注释

①**六种震动**：《新华严经》卷十六载大地震动有六种景相，即动、起、涌、震、吼、击（摇）等六种相，是感应神通力而起的奇瑞。

②**玉女宝**：即宝女，又名玉女，是转轮圣王七宝之一。

③**十善道**：远离杀生、偷盗、邪淫、妄语、两舌、恶口、绮语、贪欲、瞋恚、邪见等十恶，即是十善道。

④**迭互知平等摄受**：依《明本》等，"知"当为"智"。据《华严经探玄记》卷十四，菩萨顶光入佛足，是上进；佛光入菩萨顶，是下摄。上下结合，因果互迭，所以说平等。身光即是智。

译文

经文：佛子，如此一来，当时诸佛便放出眉间白毫相光，名为利益一切智通，有无量光明以为眷属，照遍十方一切世界，无处不到。此光明围绕一切世界十匝，显示诸佛大神通力，劝发无量百千万亿诸佛，一切十方诸佛国土发生六种震动，灭除一切恶道苦恼，使一切魔宫隐蔽不现，显示一切诸佛之大智慧，显示一切诸佛大会神通庄严之事，照明一切法界际、一切虚空界，尽照一切世界万物，在一切菩萨大会之上周旋围绕，显示大神通光明庄严之事。此光明入大菩萨顶上，其眷属光明入于诸眷属莲花座上。菩萨顶上的光明入此菩萨身时，此诸菩萨各得前所未得之百千万三昧。这些光明一时入此菩萨顶时，此菩萨便名为得位，便入诸佛境界，具足佛之十力，列在佛数。

佛子，这如同转轮圣王之长子，玉女宝所生，王相具足。转轮圣王令其子坐在白象宝阁浮檀金座上，取四大海水，上张罗网、宝盖、幡华、宝幢等种种庄严物，亲手持金钟香水灌于其子顶上，此称之为灌顶刹利王数。因其能具足十善道，所以得名转轮圣王。

佛子，此菩萨如此从诸如来得受位之后，名为得智位，具足如来十力，列于佛数。佛子，这便是菩萨大乘位地。菩萨为了得至此位，历经无量百千万亿苦难行事。此菩萨得此位之后，又增无量功德智慧，名为安住菩萨法云地。

论释：所谓随所得位，是指诸如来之光明。佛光下摄菩萨顶，菩萨顶光入佛足，智光迭互，因果平等，如经所说"佛子，如此一来，实时诸佛便放出眉间白毫相光，名为利益一切智通"如此等等。

如何是得位？如转轮圣王长子那样，如经所说"如同转轮圣王长子"等等。同样，此菩萨得位时，名为善住此得位地中，如经所说"此菩萨得此位之后，又增无量功德智慧，名为安住菩萨法云地"。以上是说得受位分。

原典

经曰：佛子，是菩萨十地，次第顺行，趣向一切种一切智智。佛子，譬如从阿耨大池①流出四河，充满阎浮提，不可穷尽，转复增长，乃至充满大海。

如是佛子，菩萨从菩提心流出善根大愿之水，以四摄法充满众生界，不可穷尽，转复增长，乃至满足得一切种一切智智。

论曰：是中修行功德者，依本愿力修行，以四摄法作利益他行，自善根增长，及得菩提自利益行应知。如经"佛子，譬如从阿耨大池流出四河"，乃至"满足得一切种一切智智"故。

云何上胜功德？

注释

① **阿耨大池**：即清凉池，无热恼池。相传此池为

阎浮提四大河之发源地，位于大雪山之北，香醉山之南，池中有龙王居住，池水清凉。池本为恒河出口，南为信度河，西为缚刍河，北为徙多河。

译文

经文：佛子，此菩萨十地，依次修习，趋向一切种一切智智。佛子，这如同从无热恼池流出四条大河，经纬天下，不可穷尽，辗转增长，以至于充满大海。

佛子，菩萨也是如此，从菩提智慧心中流出善根大愿之水，以四摄法使之充满众生界，不可穷尽，辗转增长，以至于满足而得一切种一切智智。

论释：经中所说修行功德，是依菩萨本愿力而修行，以四摄法而作利他之行；同时自身善根增长，得菩提智慧，则是自利之行。如经所说"佛子，这如同从无热恼池中流出四条大河"，乃至"满足而得一切种一切智智"。

如何是上胜功德？

原典

经曰：佛子，是菩萨十地，因佛智故而有差别，譬如依大地故，有十大山王差别，何等为十？所谓雪山王、香山王、毗陀略山王、仙圣山王、由干陀罗山王、马耳山王、尼民陀罗山王、斫迦婆罗山王、众相山王、须弥山王。

佛子，譬如雪山王，一切药草集在其中，是诸药草取不可尽，如是佛子，菩萨住在菩萨欢喜地中，一切世间书论、技艺、文诵、咒术集在其中，一切世间书论、技艺、文诵、咒术不可穷尽。

佛子，譬如香山王，一切诸香集在其中，一切诸香取不可尽，如是佛子，菩萨住在菩萨离垢地中，一切菩萨持戒正受行香集在其中，一切菩萨持戒正受行香不可穷尽。

佛子，譬如毗陀略山王，纯净宝性①一切诸宝集在其中，一切诸宝取不可尽；如是佛子，菩萨住在菩萨明地中，一切世间禅定神通解脱三昧三摩跋提②集在其中，一切世间禅定神通解脱三昧三摩跋提问答不可穷尽。

佛子，譬如仙圣山王，纯净宝性五通③圣人集在其中，五通圣人不可穷尽；如是佛子，菩萨住在菩萨焰地中，一切行中殊胜智行集在其中，一切行中殊胜智行种种问难不可穷尽。

佛子，譬如由干陀罗山王，纯净宝性一切夜叉诸大鬼神集在其中，一切夜叉诸大鬼神不可穷尽；如是佛子,菩萨住在菩萨难胜地中,一切自在如意神通变化庄严集在其中,一切自在如意神通变化庄严问答不可穷尽。

佛子,譬如马耳山王,纯净宝性一切众果集在其中,一切众果取不可尽;如是佛子,菩萨住在菩萨现前地中,说入因缘集观集在其中,说入因缘集观声闻果证问答不可穷尽。

佛子,譬如尼民陀罗山王,纯净宝性一切大力龙神集在其中,一切大力龙神不可穷尽;如是佛子,菩萨住在菩萨远行地中,种种方便智集在其中,种种方便智说辟支佛果证问答不可穷尽。

佛子,譬如斫迦婆罗山王,纯净宝性得自在众集在其中,得自在众不可穷尽;如是佛子,菩萨住在菩萨不动地中,起一切菩萨自在道集在其中,起一切菩萨自在道,说一切世间界差别问答不可穷尽。

佛子,譬如众相山王,纯净宝性诸大阿修罗众集在其中,诸大阿修罗众不可穷尽;如是佛子,菩萨住在菩萨善慧地中,知一切众生逆顺行集在其中,知一切众生逆顺行,说一切世间生灭相问答不可穷尽。

佛子,譬如须弥山王,纯净宝性诸大天众集在其中,诸大天众不可穷尽;如是佛子,菩萨住在菩萨法云地中,如来力无畏不共佛法集在其中,如来力无畏不共佛法示现佛事问答不可穷尽。

佛子，此十大宝山王同在大海，因大海得名；如是佛子，菩萨十地同在一切智，因一切智得名。

论曰：是中上胜功德者，依一切智增上行十地故。如经"佛子，是菩萨十地，因佛智故而有差别，譬如依大地故，有十大山王差别"故。是中纯净诸宝山喻者，喻八种地。厌地善清净④故。复次，诸山王非众生数、众生数⑤依故。非众生数者，有二种：一受用事。二守护积聚宝事等。是中受用事者，有二种：一众生四大增损对治，二长养众生。依雪山、香山、毗陀略山、马耳山，此四山非众生数依故，药草、众香、众宝、一切果集在其中。一切果者，第六山中。

众生数者，复有六种难对治故。六种难者：一贫难，二死难，三俭难，四不调伏难，五恶业难，六怨敌难。第四山中五通福田对治贫难；第五山中夜叉大神神通变化对治死难；第七山中诸大龙王对治俭难；第八山中得自在众对治不调伏难；第九山中阿修罗说咒对治恶业难；第十山中自在四天王⑥对治怨敌难。此一切山集在其中者，如所说事能生一切物故。言集在其中不可穷尽者，顺行不断不休息故。

彼十大山因大海得名，大海亦因大山得名。菩萨十地亦复如是，同在一切智，因一切智得名，彼因果相显故，如经"佛子，此十大宝山王同在大海，因大海得名；

如是佛子，菩萨十地同在一切智⑦，因一切智得名"故。

云何难度能度大果功德？

注释

① **纯净宝性**：清净之性如宝。

② **三摩跋提**：即正受，远离邪想而领受正法。

③ **五通**：即神足通、天眼通、天耳通、他心通、宿命通之五神通。

④ **厌地善清净**：依《华严经探玄记》卷十四，厌地是指第三地，因此地以净禅而厌离烦恼，如宝纯净。善清净指四地以上断诸烦恼，如宝清净。

⑤ **非众生数、众生数**：指山中所有诸物，神仙等是众生数，药宝等是非众生数。

⑥ **自在四天王**：自在指须弥山顶上之护法主神帝释天等；四天王指居于须弥山半腹四方之持国（东方）、增长（南方）、广目（西方）、多闻（北方）四天王，此四天王常守护佛法，护持天下四方。

⑦ **菩萨十地同在一切智**：《华严经探玄记》卷十四说，一一山下皆有大海，一一地内皆有佛地，此是圆教（指华严教说）之义，其他教中要在十地之后方到佛地。

译文

经文：佛子，此菩萨十地，因佛智而有差别，如同十大山王，依大地而有差别。何为十大山王？即所谓雪山王、香山王、毗陀略山王、仙圣山王、由干陀罗山王、马耳山王、尼民陀罗山王、斫迦婆罗山王、众相山王、须弥山王。

佛子，譬如雪山王，一切药草集在其中，此诸药草取之不尽，用之不竭；佛子，菩萨住在欢喜地中也是如此，一切世间书论、技艺、文诵、咒术集在其中，一切世间书论、技艺、文诵、咒术不可穷尽。

佛子，譬如香山王，一切诸香集在其中，一切诸香取之不尽，用之不竭；佛子，菩萨住在菩萨离垢地中也是如此，一切菩萨持戒正受德行之香集在其中，一切菩萨持戒正受德行之香不可穷尽。

佛子，譬如毗陀略山王，一切清净诸宝集在其中，一切诸宝取之不尽，用之不竭；佛子，菩萨住在菩萨明地中也是如此，一切世间禅定神通解脱三昧正受集在其中，一切世间禅定神通解脱三昧正受问答不可穷尽。

佛子，譬如仙圣山王，心性清净之五神通圣人集在其中，五神通圣人无穷无尽；佛子，菩萨住在菩萨焰地中也是如此，一切行中殊胜智行集在其中，一切行中殊胜智行种种问难不可穷尽。

佛子，譬如由干陀罗山王，性情纯净之一切夜叉诸大鬼神集在其中，一切夜叉诸大鬼神无穷无尽；佛子，菩萨住在菩萨难胜地中也是如此，一切自在如意神通变化庄严集在其中，一切自在如意神通变化庄严问答不可穷尽。

佛子，譬如马耳山王，宝性纯净之一切众果集在其中，一切众果取之不尽，用之不竭；佛子，菩萨住在菩萨现前地中也是如此，说入因缘集观集在其中，说入因缘集观声闻果证问答不可穷尽。

佛子，譬如尼民陀罗山王，性情纯净之一切大力龙神集在其中，一切大力龙神无穷无尽；佛子，菩萨住在菩萨远行地中也是如此，种种方便智集在其中，种种方便智说缘觉之果证问答不可穷尽。

佛子，譬如斫迦婆罗山王，心性清净之得自在大众集在其中，得自在众无穷无尽；佛子，菩萨住在菩萨不动地中也是如此，所起一切菩萨自在道集在其中，起一切菩萨自在道，说一切世间界差别问答不可穷尽。

佛子，譬如众相山王，性情纯净之诸大阿修罗众集在其中，诸大阿修罗众无穷无尽；佛子，菩萨住在菩萨善慧地中也是如此，知一切众生逆顺行集在其中，知一切众生逆顺行，说一切世间生灭相问答不可穷尽。

佛子，譬如须弥山王，心性纯净之诸大天众集在其中，诸大天众无穷无尽；佛子，菩萨住在菩萨法云地中也是如此，如来十力、四无畏等殊胜佛法集在其中，如来十力、四无畏等殊胜佛法示现佛事问答不可穷尽。

佛子，此十大宝山王同在大海，因大海而得名；佛子，菩萨十地也是如此，同在一切智，因一切智而得名。

论释：所谓上胜功德，是说依一切智而渐次上行十地。如经所说"佛子，此菩萨十地，因佛智而有差别，譬如十大山王，依大地而有差别"。经中纯净诸宝山之喻，是说后八地。前雪山、香山是土石之山，其余八山皆是金宝之山，所以说纯净宝性。第三地以净禅而厌离烦恼，四地以上断诸烦恼，如金宝之纯净。另外，山中所有诸物，有药宝等非众生之物，又有神仙等在众生之列。非众生之物有二种：一是受用事，二是守护积聚宝物等事。其中受用事又有二种：一是对治众生四大之增损，如药能除病；二是长养众生，如香果资身。雪山、香山、毗陀略山、马耳山，此四山是非众生之物所依，药草、众香、众宝，一切果集在其中。一切果是指第六山中之一切果。

在众生之列者又对治六种难，六种难：一是贫难，二是死难，三是俭难，四是不调伏难，五是恶业难，六是怨敌难。第四山中之五神通福田,以生富而治贫难;第五山中之夜叉大神的神通变化,威制其眷属不令害人而治死难;第七山中之诸大龙王,能降时雨以治俭难;第八山中之得自在众金刚力士,能摧伏恶人而治不调伏难;第九山中之阿修罗能说咒力,调动其眷属不行杀害,是对治恶业难;第十山中之帝释天及持国、增长、广目、多闻四大天王,能护持佛法,守护四方,对治修罗怨敌。所谓集在其中,是指诸山如上所说事能生一切物。所谓集在其中、不可穷尽,是说如此事物连续不断,无有止息。

十大山因大海而得名,大海又因大山而得名,山因海而得高胜,海因山而得深广。菩萨十地也是如此,同在一切智,因一切智而得名。佛智如海,十地依之而起,高深相显,因果相应,如经所说"佛子,此十大宝山王同在大海,因大海而得名;佛子,菩萨十地也是如此,同在一切智,因一切智而得名"。

如何是难度能度大果功德?

原典

经曰:佛子,譬如大海,以十相故,数名大海无有能坏。何等为十?一渐次深,二不受死尸,三余水失本名，四同一味，五无量宝聚，六甚深难度，七广大无量，八多有大身众生依住，九潮不过限，十能受一切大雨无有厌足。如是佛子，菩萨行以十相故，数名菩萨行无有能坏。

何等为十？所谓菩萨欢喜地中，渐次起大愿故；菩萨离垢地中，不共破戒死尸住故；菩萨明地中，舍诸世间假名数故；菩萨焰地中，恭敬三宝得一味不坏故；菩萨难胜地中，无量方便智起世间所作宝故；菩萨现前地中，观甚深因缘集法故；菩萨远行地中，以无量方便智，善择诸法故；菩萨不动地中，示现起大庄严事故；菩萨善慧地中，得甚深解脱通达世间行，如实所证不过限故；菩萨法云地中，能受一切诸佛大法明雨，无有厌足故。

论曰：是中难度能度大果功德者，因果相顺故。十地如大海，难度能度，得大菩提果故。大海有八种功德应知：一易入功德。如经"渐次深"故；二净功德。如经"不受死尸"故；三平等功德。如经"余水失本名"故；四护功德。如经"同一味"故；五利益功德。如经"无量宝聚"故；六不竭功德。谓深广等，如经"甚深难度"故，"广大无量"故；七住处功德。以大众生依住故，如经"多有大身众生依住"故；八护世间功德。潮不过时，受水无厌。如经"潮不过限"故，"能受一切大雨无有厌足"故。大海相似法菩萨十地行，亦有十种相应，如经"如是佛子，菩萨行以十相故，数名菩萨行无有能坏"故，如是等。

云何转尽坚固功德？

译文

经文：佛子，譬如大海，因其有十种相，所以大海之名永不能坏。何为十相？其一是渐次深，其二是不受死尸，其三是其余河流失其本名，其四是同一味，其五是无量之宝积聚，其六是甚深难度，其七是广大无量，其八是多有大身众生依住，其九是潮水不过限度，其十是能受一切大雨而永不满足。佛子，菩萨德行也是如此，因其有十种相，所以菩萨行之名永不能坏。

何为菩萨行之十种相？即是菩萨欢喜地中，渐次发起大愿；菩萨离垢地中，不与犹如死尸之破戒比丘同住；菩萨明地中，舍弃诸世间之假设名数；菩萨焰地中，恭敬三宝而得平等无差别；菩萨难胜地中，发起无量方便智，作成世间之宝；菩萨现前地中，能观甚深因缘集法；菩萨远行地中，善于用无量方便智，对诸法加以选择取舍，菩萨不动地中，能显示大庄严事相；菩萨善慧地中，得甚深解脱，随机说法，证悟实理，使世间功德潮水不过限度，菩萨法云地中，能受一切诸佛大法，得大法雨而永不满足。

论释：所谓难度能度大果功德，是说因果相顺，因而十地如同大海，难度而能度，可得大智慧之果。大海有八种功德：一是易入功德，如经所说"渐次深"；二是净功德。如经所说"不受死尸"；三是平等功德。如经所说"其余河流失其本名"；四是护功德。护即是舍，舍弃其余一切差别相，故又有护同一味恒不失之意，如经所说"同一味"；五是利益功德。如经所说"无量之宝积聚"；六是不竭功德。海水深广，永无尽竭，如经所说"甚深难度"，"广大无量"；七是住处功德。高妙众生之所依住，如经所说"多有大身众生依住"；八是护世间功德。容纳百川，不使江河损坏世间，如经所说"潮水不过限度"，"能受一切大雨而永不满足"。菩萨十地行与大海相似，也有相应的十种相，如经所说"佛子，菩萨德行也是如此，因其有十种相，所以菩萨行之名永不能坏"如此等等。

如何是转尽坚固功德？

原典

经曰：佛子，譬如大摩尼宝珠，过十宝性：一出大海，二巧匠善治；三善转精妙；四善清净；五善净光泽；六善钻穿；七贯以宝缕；八置在琉璃高幢；九放一切光明；十随王意雨众宝物，能与一切众生一切宝物。

如是佛子，菩萨发萨婆若心过十圣性：一初发心布施离悭；二善修持戒，正行明净；三善修禅定三昧，三摩跋提令转精妙；四菩提分①善清净；五方便神通善净光泽；六因缘集观善钻穿；七种种方便智缕善贯穿；八置于自在神通幢上；九观众生行，放多闻智慧光明；十诸佛授智位，尔时能为一切众生现作佛事，即名得萨婆若。

论曰：是中转尽坚固功德者，大摩尼宝喻。如经"佛子，譬如大摩尼宝珠等"故。过十宝性者，摩尼宝过毗琉璃等，以出故取②，乃至放一切光明，示现此宝有八种功德摄故。

八种功德者：一出功德。选择而取，以善观③故；二色功德。巧匠善治故；三形相功德。善转精妙故；四无垢功德。善清净故；五明净功德善净光泽故；六起行④功德。善钻穿故，贯以宝缕故，置在琉璃高幢故，此三句示现；七神力功德放一切光明，遍照一切处故；八不护⑤功德。随王意雨众宝物，能与一切众生一切宝物，正智受位故，一切众生同善根藏故。

过十圣性者，过声闻、辟支佛等性故。声闻有八种性，四行、四果差别故；辟支佛有二种性。行果差别故。如是十地影像分已说。

云何地利益分？

注释

①**菩提分**：指追求智慧的三十七种修行方法（三十七道品），即四念住、四正勤、四如意足、五根、五力、七觉支、八正道。狭义则仅指念、择法、精进、喜、轻安、定、舍等七觉支。

②**以出故取**：指出于海而取以为用。

③**善观**：指初地智慧出离烦恼之海而善于观察。

④**起行**：异相庄严，名之为起行。

⑤**不护**：无可吝惜。

译文

经文：佛子，譬如大宝珠，有胜过他物之十种宝性：一是出于大海，二是巧匠易于磨治，三是容易制得精妙，四是易得光洁清净，五是色泽鲜艳，六是易于钻穿，七是可用宝缕连贯，八是可放置琉璃高幢上，九是放出一切光明，十是能随顺王意而降落众多宝物，给与一切众生一切宝物。

佛子，菩萨发一切智心也是如此，其心有胜过（众生心性）之十种圣性：一是初发心布施，舍离悭吝之心；二是善修持戒，正行明净；三是善修禅定三昧，受纳正法而至精妙；四是修行菩提智慧而善得清净；五是方便神通光色鲜泽；六是善能洞观因缘之集；七是种种方便智慧，如宝缕贯穿；八是放置于自在神通幢上；九是观察众生之行，放出多闻智慧光明；十是诸佛授予智位，此时便能为一切众生作佛事，便是得一切智。

论释：经中转尽坚固功德，用大宝珠来比喻，如经所说"佛子，譬如大宝珠"等。所谓胜过他物之十种宝性，是指宝珠胜过琉璃等物，因其出于大海而取以为用，直至放出一切光明，显现此宝有八种功德。

八种功德是：一出功德。出于大海，选择而取用，这是由于善于观察；二色功德。因巧匠善于修治，而得体色分明；三形相功德。其形相精妙，团圆可喜；四无垢功德。垢秽尽除，而得清净；五明净功德。色泽光鲜；六起行功德。即易于钻穿、宝缕连贯、放置琉璃高幢上三句所说；七神力功德。因其放出一切光明，普照一切处所；八不护功德。顺随王意而降众多宝物，给与一切众生宝物而无可护吝，由于得正智受位，自己善根与一切众生善根同藏。

所谓胜过（众生）之十种圣性，是指胜过声闻、缘觉等性。声闻有八种性，即四行、四果之差别；缘觉有二种性，即行果差别。以上是说十地影像分。

如何是地利益分？

原典

经曰：佛子，是菩萨行善集一切种一切智智功德集法门品，若众生不深种善根者，不能得闻。

解脱月菩萨①言："佛子，此集一切种一切智智功德集法门品，若得闻者，此人成就几许功德？"

金刚藏菩萨言："佛子，随一切智智所摄观集诸功德，此集一切种一切智智功德集法门品亦复如是，此人得闻此法门，所得功德亦复如是。何以故？佛子，若非菩萨，不得闻此集一切种一切智智功德集法门品，何况能信，何况能持，何况正修行。"

说此经时，以佛神力，以得法力，十方世界十亿佛土微尘数等诸佛世界，六种十八相动，所谓动、遍动、等遍动、踊、遍踊、等遍踊、觉、遍觉、等遍觉、起、遍起、等遍起、震、遍震、等遍震、吼、遍吼、等遍吼。以佛神力，以得法力故，雨种种天花，如云而下。雨天衣，雨天宝，雨天庄严具，雨天盖，雨天幡，雨天幢，雨天伎乐，雨天音声。赞叹一切智地，及赞十地殊胜之事。如此世界四天下，他化自在天中自在天王宫摩尼宝藏殿说十地法。如是十方一切世界，周遍皆说此十地法。以佛神力故，十方过十亿佛土微尘数等世界，有十亿佛土微尘数等诸菩萨来集，遍满十方虚空。到已皆作是言：善哉，善哉。佛子，善说菩萨住诸地相。佛子，我等一切亦名金刚藏，从名金刚胜世界金刚幢佛所来。彼一切世界皆承佛神力说此法门，众会亦如是，字句亦如是，释名亦如是，义趣亦如是，不增不减。佛子，是故我等承佛神力，来到此众，为证是法。佛子，如我等来至此众，如是十方一切世界，一一世界中四天下，上他化自在天中自在天王宫摩尼宝藏殿，皆有十亿佛土微尘数等菩萨往为作证。

尔时金刚藏菩萨摩诃萨承佛神力说此经时，如来随喜[②]。彼一切菩萨众及一切天、龙、夜叉、干闼婆、阿修罗、迦楼罗、紧那罗、摩睺罗伽、四天王、释提桓因、梵天王、摩醯首罗、净居天众皆大欢喜。佛在他化自在天中，成道未久第二七日，自在天王宫摩尼宝藏殿，金刚藏菩萨说欢喜奉行[③]。

论曰：是中地利益者，有二种：一生信功德，二供养功德。复次，此法门中，决定信说大利益义示现，如经"佛子，是菩萨行善集一切种一切智智功德集法门品"如是等。"解脱月菩萨言"如是等。"金刚藏菩萨言"如是等故。为于此经中，生信得功德，复生信功德缘生义故，以神通力示现六种十八相动，如经"说此经时，以佛神力，以得法力"故，如是等。是中六种动者，一动，二踊，三上去，四起，五下去，六吼。十八相此六种动等相，下、中、上如是次第应知。

器世间中，依四种众生聚：一依不善众生，二依信种种天众生，三依我慢众生，四依咒术众生，为此众生下、中、上次第差别故，动乃至吼，如是十八句异义应知。如是生信功德及缘生义已说。是中供养功德者，如经"雨种种天花，如云而下"如是等。一切世界说此法门，示现为无量法门，利益众生示现，如经"如此世界四天下"如是等。余者易解。

注释

① **解脱月菩萨**：听金刚藏菩萨宣说十地的众菩萨之一。

② **随喜**：随之而心生欢喜。

③ **欢喜奉行**：经文末尾常用语，指甘心奉持佛法而修行之。

译文

经文：佛子，此菩萨行善集一切种一切智智之功德集法门品，如果众生不能深种善根，便不能得闻此法门。

解脱月菩萨问："佛子，此集一切种一切智智之功德集法门品，如果能够得闻，此人可成就哪些功德？"

金刚藏菩萨说："佛子，可随一切智智所摄观而集诸种功德，此集一切种一切智智之功德集法门品也是如此，此人如果得闻此法门，所得功德也是如此。为何如此说？佛子，因为如果不是菩萨，便不能得闻此集一切种一切智智之功德集法门品，更何况能信，何况能持，何况正修行。"

讲说此经时，因佛之神力，因得佛法之威力，十方世界十亿佛土如微尘之无数诸佛世界，当即显现六类十八种动相，即所谓动、遍动、等遍动、踊、遍踊、等遍踊、觉、遍觉、等遍觉、起、遍起、等遍起、震、遍震、等遍震、吼、遍吼、等遍吼。因佛之神力，因得佛法之威力，种种天花便如云而覆，如雨而降。降落天衣、天宝、天庄严具、天盖、天幡、天幢、天伎乐、天音声，如此众多天花都铺天盖地如雨而降，赞叹一切智地及十地殊胜之事。如此一来，世界四方天下，他化自在天中自在天王宫摩尼宝藏殿上都说十地法，十方一切世界无处不说此十地法。因佛之神力，十方超过十亿佛土如微尘之无数世界，有十亿佛土如微尘之无数菩萨都聚集起来，遍满十方虚空，所有菩萨都口称：善哉，善哉。佛子，善说菩萨住于诸地之相。佛子，我等全都名为金刚藏，来自金刚殊胜世界、金刚宝幢佛所。所有一切世界皆承蒙佛之神力而说此法门，同样是佛菩萨众会，所说字句相同，释名相同，义趣相同，不增不减。佛子，因而我等也承蒙佛之神力，来此众会，以证悟十地法。佛子，如我等来此众会一样，十方一切世界，一一世界中之四天下，他化自在天中自在天王宫摩尼宝藏殿上，皆有十亿佛土如微尘之无数菩萨前往得证悟。

当时金刚藏菩萨承佛神力而说此经时，如来心生欢喜。听其讲经的一切菩萨众及一切天、龙、夜叉、干闼婆（香神或乐神）、阿修罗、迦楼罗（金翅鸟）、紧那罗（非人、歌人）、摩睺罗伽（大蟒神）、四天王（持国、增长、广目、多闻）、帝释天、梵天王、自在天王、五净居天等天众皆大欢喜。佛成道未久之第二个七日，在他化自在天中，自在天王宫摩尼宝藏殿上，金刚藏菩萨奉佛旨意而宣说此十地。

论释：所谓地利益，有二种：一是生信功德，二是供养功德。此法门中，又显示信仰之大利益，如经所说"佛子，此菩萨行善集一切种一切智智之功德集法门品"等等。"解脱月菩萨问"等等。"金刚藏菩萨说"等等。由于相信此经教说而得功德，又由于信仰之功德而缘生诸种功德，因佛之神通力，便显现六类十八种动相，如经所说"说此经时，因佛之神力，因得佛法之威力"等等。六种动即是：一动，二踊，三上去，四起，五下去，六吼。十八种动相是此六动之具体相，依次分为下、中、上。

在众生所居之世界中，有四种众生依聚：一是依不善之众生，二是依信种种天之众生，三是依我慢之众生，四是依咒术之众生。由于这些众生有下、中、上之差别，所以有动乃至吼之十八种不同相，这是说生信功德及其所缘生之功德。所谓供养功德，如经所说"种种天花如云而覆，如雨而降"如此等等。一切世界说此法门，说明此法门是无量法门，是利益无量众生之法门，如经所说"如此一来，世界四方天下"等等。其余经文易于明白。

源流

世亲所著的《十地经论》，自从菩提流支、勒那摩提等人于北魏永平四年译为汉文之后，便在中国佛教界传播开来了。六朝时代的许多名僧大德竞相注释、讲解此《十地经论》，从而形成地论宗，又称作地论学派，专事弘扬此宗思想的法师们，便称为地论师或地人。

地论宗当时分成了南北两派，就是相州南道派与相州北道派。相州北道派是在相州（今河南安阳）的北部弘传《十地经论》之一派，这个派别出自菩提流支，其开祖是菩提流支的弟子道宠。根据《续高僧传·道宠传》的记载，道宠俗姓张，名宾（或名宾生），原本是国学大师雄安生的弟子，后来到赵州元氏县（今属河北省）堰角寺（应觉寺）出家，受具足戒，又入西山广寻藏部。大约在元魏东迁之后，他听说洛阳译出了《十地经论》，便抱着极大的兴趣，去拜访菩提流支，以求其深极。流支于是向他讲授《十地论》，曲教三冬。道宠"随闻出疏，即而开学，声唱高广，邺下荣推"。据说道宠门下堪可传道者千有余人，其中著名的有僧休、法继、诞礼、罕宜、儒果等。但是，这些弟子的生平事迹均不见僧传，只有《灵干传》中提及僧休的名字，并无更多的记述。此外，隋朝名僧志念，也曾投道宠法师座下学《十地论》。

相州南道派是在相州的南部宣讲《十地经论》之一派，这个派别出自勒那摩提，其开祖是慧光。此派门叶繁多，远较北道派为盛，并且被视为地论学的正统派。慧光俗姓杨，定州长芦（今属河北）人，十三岁便跟随其父至洛阳，从佛陀扇多出家。他博通经义，穷理善谈，时人称之为圣沙弥。慧光初习律部，四年后又讲《摩诃僧祇律》，听众云合。

当流支、摩提翻译《十地经论》时，慧光曾参与译场。后来撰疏阐发《十地论》的奥旨，又注释了《华严》《涅槃》《维摩》《地持》《胜鬘》《遗教》《仁王》《般若》等佛教经典，造《四分律疏》，删定《羯磨戒本》。北魏末年，他在洛阳任国僧都，后来奉诏入邺，改任国统，因而有光统律师之称。

慧光的弟子有法上、僧范、道凭、惠顺、灵询、僧达、道慎、安廪、昙衍、昙隐、道云、昙遵等人。其中僧达俗姓李，河北上谷人，精通《十地论》，深受梁武帝礼敬，敕住同泰寺。后来又得到北齐文宣帝崇重，住洪谷、定冠二寺宣讲《华严》《十地》。

安廪俗姓秦，江阴人，性好老庄，早达经史，二十五岁时奉敕出家，四方游学寻道，后来北诣魏国，随司州光融寺容公学习经论，并听嵩山少林寺光公讲《十地》。又受禅法，具明禅学玄理。他在魏期间，宣讲《四分律》及大乘经论数十遍。后得梁武帝敬重，敕住天安寺，讲说《华严经》。陈时又住钟山耆阇寺，宣讲《大集经》。

僧范俗姓李，河北平乡人，早年曾学习儒学，二十九岁时出家，起初学《涅槃经》，顿尽其致。后来又从洛阳献公学《法华》《华严》，继而受学于慧光，得其奥旨。善讲《华严》《十地》《地持》《维摩》《胜鬘》等诸种经论，并各有疏记。

惠顺俗姓崔，齐人，侍中崔光之弟，少年时爱好儒学，成年后转信佛道，二十五岁投奔慧光而出家，寓于其门下，纂修地旨。后讲《十地》《地持》《华严》《维摩》，并立疏记。每有讲会，听众必达千余人。

道凭俗姓韩，平恩（山东丘县）人，十二岁出家，研习《维摩》《涅槃》《成实》诸经论。后来从慧光律师学大乘，随侍十年，声闻渐高，于是辞别慧光，弘法于赵、魏，讲说《十地论》《涅槃经》《华严经》《四分律》等。

道慎俗姓史，河北高阳人，十四岁出家，受具足戒以后，入洛阳从光师学《地论》。后"纲网"门徒，讲授《十地》，以维摄大法为己任。

慧光诸弟子中，慧业最高胜者当属法上。法上（公元四九五—五八〇年）俗姓刘，朝歌（今河南淇县）人，幼小时即礼佛读经，十二岁投道药禅师而出家。后来投慧光律师门下，受具足戒，性戒夙成，不劳师导。声名既闻，便应众之请，出讲《十地》《地持》《楞伽》《涅槃》等经部，并著有文疏。四十岁游化怀、卫，在魏、齐二代历任僧统、国师，主管僧侣事务近四十年，道俗欢愉，朝廷胥悦，所辖有四万余寺，僧尼二百余万。

当时高句丽国大丞相王高德，深怀正法，崇重大乘，曾派高句丽僧人来向法上请教佛教之始末缘由，这是高句丽佛教史上的一件大事，是高句丽积极引进中国佛教文化的一个标志。后来遇到北周武帝灭佛，法上不得不私隐俗服，但仍然习业如常。其著作有《增一数法》四十卷、《佛性论》二卷、《大乘义章》六卷、《众经论》一卷等。其弟子有法存、灵裕、融智、慧远等。

融智事迹不详,但融智弟子靖嵩较为有名。靖嵩俗姓张,涿郡固安(今属河北)人,十五岁出家,从邺都融智学《涅槃》《地论》,曾受北齐琅琊王之归依。及至周武法难,避往江南,又就真谛弟子法泰学《摄大乘论》。这样,他便兼通北地之《地论》与南地之《摄论》,并且摄论宗也由此传播到了北方。融智的另一弟子智嶷,又曾受学于慧远,智嶷弟子僧辩,则曾向玄奘法师传《摄论》。

灵裕俗姓赵,河北曲阳人,十八岁出家,二十一岁从道凭学习《地论》三年,后又从慧公学《四分律》,从嵩、林二师学《成实》,从安、游、荣三师学《杂心》。最后就学于大统法上,自此之后专业《华严》《涅槃》《地论》、律部,并通达世典儒籍,名扬邺下。

法上诸弟子中,慧远为一代名师。慧远(公元五二三——五九二年)俗姓李,敦煌人,后移居上党高都(山西晋城)。十三岁从僧思禅师出家,十六岁随湛律师赴邺都,博览大小乘经论,而偏重大乘。二十岁依法上为和尚、惠顺为阇黎,受具足戒,慧光之十大弟子并为证戒。后来就大隐(昙隐)律师学习《四分律》五年,得至精通。复又专师事法上,随侍七年,尽学余部,深究奥旨。不久,他便携学侣返回高都的清化寺,大众为之兴建了讲堂寺宇。

后值北周武帝灭齐，敕命废毁经像，责令沙门还俗，大统法上等五百沙门全都默然不敢抗谏，独有慧远挺身而出，当面与武帝辩驳。武帝坚持毁灭佛法，慧远于是潜隐汲郡西山三年，谙诵《法华》《维摩》等各一千遍，以期遗法不坠。直至隋兴，恢复佛教，慧远才又于洛邑大开法门，远近闻声归奔。他得到隋文帝敬重，敕授洛州沙门都，匡任佛法。又曾到泽州、上党等地张设讲筵，还数度应诏返归西京，于内殿敷述圣化。并奉敕住兴善寺，大兴法会。不久更另建净影寺，常居讲说，四方学者望风来投。

　　后敕为大德，又令主持译场，刊定辞义。所著有《大乘义章》《涅槃经义记》《十地经论义记》《地持经义记》《华严经疏》《法华经疏》《维摩经义记》《胜鬘经义记》《无量寿经义记》《观无量寿经义记》《金光明经义疏》《金刚般若疏》《温室经义记》《法性论》等多部。其中的《大乘义章》，把佛教教义大分为教法、义法、染、净、杂五聚，二百四十九科，堪称佛教之百科全书，对隋唐佛教影响甚大。《大乘义章》与《十地经论义记》，是地论学派的重要著作，集中体现了地论师南道派的观点。

　　慧远晚年又曾就昙迁禀受《摄论》，他在奉持地论宗的同时，兼奉涅槃宗、摄论宗及三论宗，是学贯诸宗的一位大师。但其致力重点仍在于"地论",传承法上之系统,弘传南道之学说。慧远门下有灵璨、宝儒、慧畅、净业、善胄、辩相、慧迁、慧觉、静藏、智徽、玄鉴、行等、明璨、僧昕、灵达、宝安、道嵩、智嶷、道颜、净辩、智达等。

此外,慧光弟子中的昙遵,有弟子昙迁,是北地摄论宗的开祖,并融通南地之摄论宗与北地之地论宗。唐时慧休,曾师事灵裕与昙迁。玄奘法师也曾就昙迁学《摄论》。以上是地论师的传承系统。

地论宗的教判,南道派与北道派稍有区别,南道派多综为四,北道派则常别为五。例如,慧光的四宗教判是:一因缘宗。指小乘佛教说一切有部论典《毗昙》中所说的六因四缘,六因是能作因、俱有因、同类因、相应因、遍行因、异熟因,四缘是因缘、等无间缘、所缘缘、增上缘;二假名宗。指《成实论》所主张的我空、法空,我法俱是假名。假有三个方面,即因成假、相续假、相待假;三诳相宗。指《般若经》以及《中论》《十二门论》《百论》等所代表的大乘空宗,此宗认为"相皆虚妄",主张实相无相;四常住宗。指《大般涅槃经》《华严经》《十地经论》等所说的"佛性常住",以佛性为实有,且永恒不变。慧光的弟子太衍寺昙隐,又判四宗名为因缘宗、假名宗、不真宗、真宗,与慧光略有区别。

对于"四宗"论说最详细的是净影慧远,他在《大乘义章》卷一中所建立的四宗之说是:第一立性宗,又称为因缘宗。这是"小乘中浅,宣说诸法各有体性。虽说有性,皆从缘生,不同外道立自然性。此宗当彼《阿毗昙》也";第二破性宗,又称为假名宗。这是"小乘中深,宣说诸法虚假无性,不同前宗立法自性。法虽无性,不无假相。此宗当彼《成实论》也";第三破相宗,又称为不真宗。此宗是"大乘中浅,明前宗中虚假之相亦无所有,如人远观阳炎为水,近观本无,不但无性,水相亦无。……虽说无相,未显法实";第四显实宗,又称为真宗。此宗是"大乘中深,宣说诸法妄想故有。妄想无体,起必托真。真者所谓如来藏性,……此之真性缘起,集成生死涅槃。真所集故,无不真实。辨此实性,故曰真宗。"①慧光、昙隐以及慧远,都持四宗教判,并且三者名别而义同,代表了南道派的判教思想。

北道派则立五宗教判,五宗就是因缘宗、假名宗、不真宗、真宗、法界宗。其中的前四宗,与南道派的说法完全一致,只是其中的真宗仅指《涅槃经》,而《华严经》(包括《十地经论》)则放在更高的层次上,特称之为法界宗。此外,慧光又将佛陀一代之时教判为渐教、顿教、圆教三教,此种教判后来为华严宗二祖智俨和三祖法藏等所承袭。

净影慧远稍后的三论宗创始人吉藏,也曾谈及地论师的教判有三教、四宗之说。三教分别是:立相教,为二乘人说;舍相教,指《大品》等经;显真实教,指《华严》等经。而"四宗者,《毗昙》是因缘宗,《成实》谓假名宗;'三论'名不真宗,《十地论》为真宗。"②这里所说四宗,无疑指南道派的教判。而三教之说,则可能兼指南北二道之教判。

关于南北二道学说的差异,大致可以归纳为两说:一是"真如依持说"与"梨耶依持说"之不同;二是八识建立说与九识建立说之不同。

就第一种说法而论,《十地经论》中述及八识,这八识就是眼、耳、鼻、舌、身五识,以及第六意识、第七阿陀那识、第八阿梨耶识。其中,阿梨耶识之真妄问题,是地论宗南北二道的至要分歧点。南道派主张真如依持说,认为阿梨耶识与《楞伽经》所说的如来藏心、《涅槃经》所说的佛性是一样的,他们称阿梨耶识为真常净识,视同真如,计执于真如以为依持,认为一切诸法都是真如之缘起所生,真如(阿梨耶识)为世界万有所生之依持。因而,他们主张佛性本有。与此同时,又以阿陀那识和前六识皆为有为之妄识,而特称阿陀那识为无明识。如慧远在《大乘义章》卷三和《十地义记》

卷一中，即把阿陀那识称为无明痴暗之妄识，其体是无明痴暗心，阿陀那识可从不同的意义上，分别叫作无明识、业识、转识、现识、智识、相续识、妄识、执识。阿梨耶识则是如来藏自性清净心，可从不同的意义上分别称为藏识、圣识、第一义识、净识（无垢识）、真识、真如识、家识（宅识）、本识。

　　慧远论八识之真妄。开合为二，前六识及第七阿陀那识同名妄识，第八识名为真识。妄识之中，前六迷于因缘虚假之法，妄取定性，第七妄识心外无法，妄取有相。第八真识体如一味，妙出情妄，随缘变异，体不失坏，是恒沙真法集成。同时，慧远又认为，第八真识从随流的意义上说名为阿梨耶，从真体本净的意义上说，又名阿摩罗，所以阿梨耶识亦称为阿摩罗无垢识。

　　智𫖮《法华玄义》卷五下云："地论明阿梨耶是真常净识。"③吉藏《中观论疏》卷七云："旧地论师以七识为虚妄，八识为真实。"④吉藏《法华玄论》又云："《摄大乘论》，僧伽菩萨所造，及《十八空论》，波薮所造，皆云八识是妄识，谓是生死之根。先代地论师用为佛性，谓是真极。"⑤菩提流支之《金刚仙论》卷五中也有"第八佛性识"之语⑥。由此可见，慧远之学说既代表着南道派的观点，又是地论宗传统之教旨。

　　照南道派的真如依持说，前七妄识本无自体，必依第八真识而立。妄法是真如随缘而成，并非真如之外另有其体，诸法与真如同时存在。因此，佛性虽是本有（现有），但仍须修习精进，离染显净而成佛。

北道派主张梨耶依持说，以阿梨耶识为无明之妄心，并非不生不灭之真如，计执梨耶以为依持，认一切万有皆为梨耶缘起。由此便主张佛性当有（始有、后有），须累世修行，方能成佛。

另一种说法是，南道派为梨耶净识之八识建立说；北道派则为真妄和合之九识建立说。就是说，北道派以第八阿梨耶识为妄识，又另立第九识为净识。不过，此派虽说有第九识但尚无阿摩罗之名称，后来真谛的摄论宗兴起，立第八阿梨耶识为虚妄，第九阿摩罗识为净识，与地论北道派的主张一致，于是北道派与摄论宗渐渐结合而同化，地论宗便只有南道独存了。

南道派至慧远晚年时，慧远及其弟子净业、辩相、净辩等，也都受到摄论宗的很大影响。慧远曾亲自听昙迁讲说《摄大乘论》；净业后来跟从昙迁专习《摄论》；辩相南投徐部，更采《摄论》，披尽精诣，创演宗门，并且作《摄论疏》五卷；净辩从昙迁受《摄大乘》，积岁研求，终于此业。另外，辩相之弟子灵润，曾住洪福寺，宣讲《摄论》多达三十余遍，并且造有《摄论》之《义疏》十三卷、《玄章》三卷。自此以后，随着摄论宗的日益兴盛，地论宗南道派也渐渐衰落了。

摄论宗所依据的主要佛典是《摄大乘论》，这是印度无着菩萨所造，前后共有三种汉文译本，最初的译本是元魏时期的佛陀扇多，所译为二卷本；第二位译者是南朝陈时的真谛，所译为三卷本；最后一位译者是唐玄奘，所译亦为三卷本。摄论师所依据的是真谛的译本，真谛译本的特点是提出九识说，而其中的第八阿梨耶识是杂染的根本，并不是真常净识，也不是最高的识。在阿梨耶识之上，还有一个第九识，叫作阿摩罗识，这才是无垢识。由此可见，摄论师所讨论的问题，与地论师南北二道争论的问题有着直接的联系。

真谛所译《决定藏论》中也说："如是阿罗耶识，是一切烦恼根本，修善法故，此识则灭。……阿罗耶识对治故，证阿摩罗识。阿罗耶识是无常，是有漏法；阿摩罗识是常，是无漏法。得真如境道故，证阿摩罗识。"[7]这些思想都成了摄论师所宣传的重点。其实，地论师的八识说与摄论师的九识说，在思维理路上是一致的，所以后来地论师多接受摄论的观点。慧远在《大乘起信论义疏》中即说："习六、七识妄"，"释八、九识真"。在八识之上，又容纳了第九识之说。

地论师南北二道，以及地论师与摄论师围绕阿梨耶识真妄、染净问题的讨论，又引发出佛性当有与佛性现有之争，这是促成唐玄奘西行求法的一个重要因素。玄奘在《启谢高昌王表》中说："去圣时远，义类差舛，遂使双林一味之旨分为当、现二常，大乘不二之宗析为南北两道，纷纭争论凡数百年，率土怀疑，莫有匠决，玄奘宿因有庆，早预缁门，……望给园而翘首，想鹫岭而载怀，愿一拜临，启伸宿惑。"⑧这里所谓"分为当、现二常"，即指佛性当有与佛性现有之争。所谓"大乘不二之宗，析为南北两道，纷纭争论凡数百年"，即指地论师南北两道恒数百年之争。为了解决地论师、摄论师们长期争论不休的问题，玄奘决意而行，向佛陀故里去寻求真正的答案。这样，他便开创了唐代的唯识宗。由此而论，唯识宗与地论宗也是有渊源关系的。

地论宗诸师，除精研《十地经论》之外，又对《华严》整部经作广泛的研究，他们研究所得之成果，颇值得推崇，因此，地论宗的学说与教判，对后来华严宗之成立有极大贡献。华严宗师，亦特别注重十地，贤首大师法藏在《华严一乘教义分齐章》卷一中，总括了《仁王》《本业》等经以及《地论》《摄论》等对十地的看法，他认为，这些经论皆以初、二、三地寄在世间，四地至七地寄出世间，八地以上寄出出世间。于出世间中，四地、五地寄声闻法，六地寄缘觉法，七地寄菩萨法，八地以上寄一乘法。⑨法藏对此种观点略有修正，认为七地也应属出出世之一乘法。至相大师智俨在《华严孔目章》卷三中也论释十地说："今十地者，摄佛因位，一乘三乘声闻人天等并在其中，为五乘人所观，普贤证位，佛果摄用无碍自在，一切皆尽。"⑩

智俨大师曾就学于终南山至相寺的智正法师，专门研习《华严经》，涉猎了有关《华严经》的各种注疏。而智正法师，就是属于地论宗光统律师一系的，所以智俨受光统律师《华严经疏》的影响一定很大。他进而精勤钻研，于是分教开宗，制成了《华严经》之疏，这便是今行的《华严经搜玄记》十卷。法藏大师继承并大大发展了其师智俨的学说，集华严宗之大成，使华严宗达于全盛。贤首大师的理论，也与《地论》及地论师多有关系，例如，他在《华严一乘教义分齐章》卷一中说："性海果分，是不可说义。何以故？不与教相应故，则十佛自境界也。故《地论》云：'因分可说，果分不可说'者，是也。"⑪可见法藏对《地论》是很重视的。

地论宗的开创者光统律师的著书今已不存，因而无法直接与智俨、法藏的著作进行比较研究，我们仅可从散见于他书中的慧光学说中，窥知其与华严宗的密切关系。慧光立渐、顿、圆三教和四宗之教判，总摄一代佛教，见于《华严探玄记》卷一及《华严五教章》卷上、、清凉之《华严玄谈》卷四、智头之《法华玄义》卷十等书。光师三教之判，主要是关乎《华严》而设，法藏《华严传》卷二说："会佛陀、勒那初译《十地》，光乃命章开释，独最其功。又四分一部，亦其草创。后更听《华严》，深悟精致，研微积虑，丞涉炎凉。既而探赜索隐，妙尽隅奥，乃当元匠，恒亲讲授。光以为：正教之本，莫过斯典。……有疏四卷，立顿、渐、圆之教，以判群典。以《华严》为圆教，自其始也。"[12]据此可知，顿、渐、圆三教判释，是出自慧光的《华严疏》。智俨在《华严经搜玄记》中，原样承袭了光统律师的三教之判，所以《搜玄记》卷一说："但以大悲垂训，道无私隐故，致随缘之说法门非一……如约以辨，一化始终，教门有三：一曰渐教，二曰顿教，三曰圆教。"[13]

此外，贤首大师《华严五教章》中，列举出古今十家之教判，作为本宗五教十宗教判之借鉴，其中和地论师有关系的就有五家。其一是菩提流支所立的一音圆教，认一切圣教都是一音一味一雨，只是由于众生根性不同，随机异解，遂有多种；其二（原文中的第三家）是慧光所立的渐、顿、圆三教；其三（原文中的第四家）是慧光弟子、大衍法师昙隐等"一时诸德"所立的四宗教，即因缘宗、假名宗、不真宗、真实宗；其四（原文中的第五家）是护身法师所立的五种教，前三种同于衍师，后二种是真实宗和法界宗；其五（原典中的第六家）是耆阇法师所立的六宗教，前二种同于衍师，后四种分别是不真宗、真宗、常宗、圆宗。而《法华玄义》则说，光统有四宗教判，即因缘宗、假名宗、诳相宗、常住宗。大衍法师是光统门下十哲之一，可以推想，其四宗之判本出自光师，只是说法稍有改变。此类教判，多为华严宗所吸收，遂成贤首大师之五教十宗。

贤首把慧光所立渐、顿、圆三教中的渐教开为小乘教、大乘始教、大乘终教，又因袭顿、圆二教，便成了小乘、大乘始教、大乘终教、顿教、圆教五教。当然，三教与五教并非只有开合之异，其中的含义也稍有区别。慧光三教之中，顿、渐指化仪，圆教指化法；而贤首的五教，都是就化法而立。

贤首又把慧光一系的因缘、假名、不真宗、真宗之四宗教判展为十宗，即我法俱有宗、法有我无宗、法无去来宗、现通假实宗、俗妄真实宗、诸法但名宗、一切皆空宗、真德不空宗、相想俱绝宗、圆明具德宗。光统合大小乘而论，依因缘、假名、空、不空之序而成四宗，贤首则于小乘中开六宗，以有、空为序，又于大乘中开四宗，空、不空之外加绝相与圆满无碍。两者加以比较，虽有相异之处，但其形式大略相同，所以贤首以慧光等地论师的教判为华严五教十宗之"龟镜"。

如果依慧光三教之判，《华严经》就化仪而言，当属顿教；就化法而言，当又属圆教。所以至相大师在《搜玄记》中明言《华严经》为"顿及圆二教摄"。后来清凉大师以《华严》为顿圆之教，以《法华》为渐圆之教，也是基于慧光的三教之判。但贤首五教之判，是只就化法而立，不取化仪之意，所以唯说《华严》为圆教，不说为顿教。

慧光对于《华严》教理的论述，今已无本人的著作可资考究，但在贤首《华严经探玄记》卷一"明所诠宗趣"一节有所引述，其中说："光统师以因果理实为宗，即因果是所成德，理实是所依法界。"贤首大师认为，此种对《华严》宗趣的概括，较其他诸说全面、准确，只是尚嫌简略。由此，贤首进而确定《华严经》之宗趣为"因果缘起、理实法界"。很显然，这是依了光统律师之说，只不过在"因果"和"理实"之后，分别加上了"缘起"和"法界"。除此之外，《华严经探玄记》中依慧光之说而立论处还有不少。

此外，地论师慧远在阐释《华严》要义时，所说因果二分、教证二道、六相圆融等旨，也多为华严宗师所采用和发挥。如六相圆融之说，源出《十地经》初地十大愿中第四修行愿。世亲之《论》对此解释说："一切所说十句中，皆有六种差别相门。……六种相者，谓总相、别相、同相、异相、成相、坏相。总相者，根本入；别相者，余九入；别依止本，满彼本故。同相者，入故；异相者，增相故。成相者，略说故；坏相者，广说故，如世界成坏。"依照世亲的说法，不仅菩萨修行之阶位中有总相等六相，而且一切诸法、宇宙万有皆有六相。

净影慧远在《十地经论义记》中解释了六相之义，又在《大乘义章》中设立"六种相门义"一章。详明六相之深旨。但慧远释六相，仅说及体与理，未说及相与事。智俨继慧远之后，陶研六相之深义，于《华严经探玄记》《华严孔目章》《华严五十要回答》中加以发挥，明确提出六相圆融。而后，法藏又在《华严经探玄记》《华严五教章》《华严金师子章》中集其大成。

华严宗最主要的理论"法界缘起"说，也可能是受了地论中"梨耶缘起"说的启发。华严宗认为，"法界"只是一心，一心是世界万事万理的本源，称为"一真法界"。这与地论"三界唯心"的观点也有相似之处。

地论宗对隋唐佛教的影响，也及于天台宗。天台宗"一念三千"的主张，就受了地论师"三界唯心"、"梨耶缘起"论的影响。"一念三千"的思想，是天台大师智颛在《摩诃止观》卷五中提出来的。他在该书中说："夫一心具十法界，一法界又具十法界、百法界，一界具三十种世间，百法界即具三千种世间。此三千在一念心。若无心而已，介尔有心，即具三千。"⑭这意思是说，一心一念，即具地狱、饿鬼、畜生、阿修罗、人、天、声闻、缘觉、菩萨、佛这十法界，十法界中的每一法界又各具十法界，即成百法界。

另外，每一法界又各具"十如是"：如是相、如是性、如是体、如是力、如是作、如是因、如是缘、如是果、如是报、如是本末究竟，这样便成百界千如（是）。百界千如再与《大智度论》中所说的众生世间、国土世间、五蕴世间"三世间"结合起来，就成了三千世间。照天台宗的观点，三千世间即在一念心。

《十地经论》中已经提出"三界虚妄，但是一心作"，"一切三界唯心转"的主张，净影慧远在《大乘义章》卷三中对此又作了阐发。天台宗"一念三千"的理论，和地论的观点的确有相似之处。当然，天台宗并不是因袭地论师的观点，地论师主张宇宙三界是"一心作""从心起"，是宇宙生成论、缘起论。而天台宗则强调三千世界"在"一念心、一心"具"三千世界，这是宇宙存在论。所以二者不可完全等同。

天台宗所说的"十如是"，本来出自《法华经·方便品》，但起初这"十如是"并未引起《法华经》研究者的重视，《十地经论》卷三中也有"十如是"，虽然其内容与《法华经》中的"十如是"不尽相同，但形式上一样。很可能是由于《十地经论》的广泛流行，才引起天台宗人对"十如是"的重视。

天台宗"三谛圆融"的思想，本于《中论》："因缘所生法，我说即是空，亦为是假名，亦是中道义。"⑮但是，《中论》并没有"三谛"的名称。而慧远《大乘义章》卷十则有："言三谛者，一是世谛，谓法有相；二第一义谛，谓法无相；三一实谛，谓法非有非无相。"⑯这里所说的世谛，相当于天台宗所说的假谛，第一义谛相当于空谛，一实谛则相当于中谛。看来天台宗"三谛"之名，也可能与地论师有关。

地论师的思想理论，几乎对隋唐时期的各个佛教宗派都发生了影响，又有谓综合了大乘佛教思想的要典《大乘起信论》即是地论师托名马鸣而造。唐惠均《四论玄义》卷十有云："《起信论》一卷，人云马鸣菩萨造。北地诸论师云：非马鸣造论，昔日地论师造论，借菩萨名目之，故寻翻经目录中无有也。未知定是否。"近代以来，中日学者对《大乘起信论》之真伪问题，多有考证论辩，迄无定论。不论《起信论》是否出自地论师之手，地论师学说与《起信论》相合之处甚多，则不可否认。

注释：

① 《大正藏》第四十四册，第四百八十三页。

② 《大正藏》第四十五册，第六十三页。

③ 《大正藏》第三十三册，第七百四十四页。

④ 《大正藏》第四十二册，第一百零八页。

⑤ 《大正藏》第三十四册，第三百八十页。

⑥ 《大正藏》第二十五册，第八百二十八页。

⑦ 《大正藏》第三十册，第一千零二十页。

⑧ 《大慈恩寺三藏法师传》卷一，转引自《中国佛教思想资料选编》第二卷第三册第六页，中华书局出版。

⑨ 《大正藏》第四十五册，第四百七十七页。

⑩ 《大正藏》第四十五册，第五百六十页。

⑪ 《大正藏》第四十五册，第四百七十七页。

⑫ 《大正藏》第五十一册，第二百五十九页。

⑬ 《大正藏》第三十五册，第十三页。

⑭ 《大正藏》第四十六册，第五十四页。

⑮ 《大正藏》第三十册，第三十三页。

⑯ 《大正藏》第四十四册，第六百六十七页。

解说

《十地经论》的基本内容是论说菩萨修行成佛所必须经历的十个阶位，这十个阶位就称为十地。十地分别是：第一欢喜地。菩萨初为圣者，成就无上自利利他之德，遂起大欢喜之心；第二离垢地，得身心清净，舍离破戒等烦恼垢染；第三明地。依禅定而得智慧之光，并修闻、思、修三慧，对真理渐明；第四焰地。智慧之火焰，能烧烦恼之薪；第五难胜地。得出世间智慧，能以自在之方便力救度难救之众生；第六现前地。深观十二因缘之理，而得般若大智现前；第七远行地。善修无相行，证悟实相无相之理；第八不动地。报行纯熟，不断生起无相之智慧，绝不为烦恼所动摇；第九善慧地。菩萨以无碍智力说法，成就利他之行；第十法云地。功德圆满，得六法身，如云普覆，如雨普降，具足自在。

　　这十地融摄了一切善法，其中前三地说世间善法，中四地说声闻、缘觉、菩萨三乘修行之相状,后三地说一乘根本大法。总观十地,从第一欢喜地到第十法云地,是菩萨修习水平不断提高的过程,也是菩萨精神境界不断升华、功德趋向圆满的过程。据说这样经过十地修行,就可以从凡夫的境地到达佛的境地。十地之说,是佛教中重要的修行理论,佛教许多经典中对此都有论述,虽然词句有所不同,但基本思想是一致的。其中所包含的许多内容,对我们一般人来说,也具有精神修养和人格完善的意义。

那么,为什么要修行?为什么如此修行便有如此结果?佛的境地与凡夫的境地区别何在?《十地经论》在回答这些问题时,便由修行论转向了宇宙本体论和心性论,这就涉及到《十地经论》的一个根本思想,即"三界唯心"的思想。

这里所说的三界,是指众生所居住的世俗世界。照佛教的看法,迷妄众生在生灭流转过程中,其生活境界分为三个阶层,这三个阶层是欲界、色界、无色界。欲界是有情有欲的众生所居之处,其中包括某些天人居住的世界、整个人间世界乃至无间地狱。在此世界中,男女参杂,多有染欲,所以此界称为欲界。色界在欲界之上,居住在这个世界的天人均无淫、食二欲之染,但仍有肉体色身及宫殿等物质构成的东西。无色界更在色界之上，此界没有任何物质构成的东西，没有肉体，更没有情欲，唯以心识住于深妙之禅定。这三界概括起来，就相当于我们平时所说的现实世界。不过，佛教所指的这个世界，比我们常人所理解的现实世界要广泛。

《十地经论》的经文中明确提出："三界虚妄，但是一心作。"世亲之《论》对此解释说："但是一心作者，一切三界唯心转故。"这样就确立了"三界唯心"的观点。照此观点，世界上的一切现象，不论是精神现象（名）还是物质现象（色），都是一心的转现。这样一来，心便成了整个世界的本源。然而，心如何变现三界呢？《十地经论》说，是通过十二因缘而变现的。

所谓十二因缘，是指众生在三界中生死流转的整个因果链条，这个链条有十二个环节，即无明、行、识、名色、六入、触、受、爱、取、有、生、老死。这十二个环节叫十二因缘分，或叫十二有支。十二因缘分自无明开始，无明缘行，行缘识，识缘名色，名色缘六入，六入缘触，触缘受，受缘爱，爱缘取，取缘有，有缘生，生缘老死。如此循环不已，前者依次是后者生起之因，后者则是前者必然导致的果。这是佛教对生命现象的一种总体性解释，佛教认为，任何有生命的个体在没有得到解脱之前，都受着这种因果律的制约，在三世、六道中生灭流转。

要得解脱，首先就要去除无明，无明即是愚昧无知，不懂真理，对世界上的事物，对自我，抱持着错误的认识。无明灭则行灭，依次类推，十二因缘分中，前者若灭，后者也随之而灭。《十地经论》对十二因缘这一因果律进行了详细解说，这也是佛教许多经典和论典中都讲到的。

可是，无明来自何处？什么是十二因缘分的依止呢？以前的十二因缘说，对此尚无明确的解答。《十地经》则明确提出："如来所说十二因缘分，皆依一心。所以者何？随事贪欲共心生，即是识事即是行。行诳心故名无明，无明共心生名名色，……"这就把十二因缘分与"一心"联系起来。说十二因缘分"皆依一心"，是因为众生随其行业，便有贪欲共心生起，贪欲共心而生，即成行识不离。行欺蒙了心，所以称为无明。无明随心而起，便有名色。而后有六入、有触等其他因缘有支。

世亲之《论》对以上的经文解释说："此是二谛差别，一心杂染和合因缘集观"。"二谛差别"，是指真谛（第一义谛）与俗谛（世谛）的区别。世亲的意思是说，在因缘集成中，所依之心体是真谛、是清净，能依之因缘分是俗谛、是杂染。十二因缘分前后相继，应看作是"一心杂染和合"的过程，这就叫作"染依止观"。这样，佛教传统的十二因缘观便与"三界唯心"的观点结合在一起，由此更具体地说明了一心是世俗世界的本源，是生死流转之所由。这是《十地经论》在佛教理论中的一个贡献。这种观点告诉人们，生命现象本质上是心理现象和精神现象，十二因缘律同时也就是心或精神的活动、运行规律，尤其对人来说是如此。

那么，心的具体内容是什么呢？《十地经论》中似有不同的说法，这主要涉及到心与八识的关系。所谓八识，是指眼识、耳识、鼻识、舌识、身识、意识、阿陀那识，和阿梨耶识（阿赖耶识）。其中前六识是依眼、耳、鼻、舌、身、意六根（肉体的六种感觉器官）而立名，以了别为其性，分别缘取色、声、香、味、触、法六境或六尘，形成感觉、心理或认知活动。

第七阿陀那识，相当于唯识宗所说的末那识。著名的地论师慧远对此识有详细的解说，他认为，阿陀那识"体是无明痴暗心"，含有多方面的意义，根据其不同的含义，可有八种名称："一无明识。体是根本无明地故；二名业识。依无明心，不觉妄念忽然动故；三名转识。依业识，心相渐粗，转起外相，分别取故；四名现识。所起妄境，应现自心，如明境中现色相故；五名智识。于前现识所现境中，分别染净违顺法故。此乃昏妄分别名智，非是明解脱为智也；六名相续识。妄境牵心，心随境界，攀缘不断，复能住持善恶业果，不断绝故；七名妄识。总前六种非真实故；八名执识。执取我故，又执一切虚妄相故。"①

照慧远的说法，阿陀那识八名之中，主要的应该是三个名称，即第一无明识。说明阿陀那识之体是"根本无明地"；第七妄识，这是对前六名的总合，即由无明而起妄念，妄念增长而显现外相，外相显现而妄加分别，分别相续不断而成善恶因果报应、三界生死流转。所有这些总名为妄；第八执识。说明由无明而造成生死轮回的关键在于阿陀那识妄执"我"与"相"，即执着于自我与万事万物为实有。

除第一、第七、第八三识外，第五智识也值得注意，这里所说的智，"非是明解脱为智"，其实际的含义，大概相当于我们今天所说的各种知识，包括对自然界的知识、对社会的知识以及判断是非和分别善恶的知识，即认识论中所谓的理性认识。阿陀那识不同于前六识，它是前六识的总合和深化。但从解脱论的角度看，阿陀那识不是最高的境界，也不是真实境界。

对于第八阿梨耶识，慧远也有具体解说。他指出，"阿梨耶"的意译是"无没"，"虽在生死，不失没故"。根据其不同的含义，也可有八种名称："一名藏识。如来之藏为此识故，是以经言：如来之藏名为藏识。是以此识中涵含法界恒沙佛法，故名为藏。又为空义所覆藏，亦名为藏；二名圣识。出生大圣之所用故；三名第一义识。以殊胜故。故《楞伽经》说以为第一义心；四名净识，亦名无垢识。体不染故，故经说为自性净心；五名真识。体非妄故；六名真如识。《论》（指《大乘起信论》）自释言：心之体性，无所破故，名之为真，无所立故，说以为如；七名家识，亦名宅识。是虚妄法所依处故；八名本识。与虚妄心为根本故。"②

这八个名称之中，第一至第六名说明阿梨耶识的体性与功用。阿梨耶识自性清净，无垢无染，真实无妄，涵含一切佛法，出生诸佛大圣，与如来藏、真如、第一义心等同义。第七、八名说明阿梨耶识是"虚妄法"的依止处，又是"虚妄心"的根本。"虚妄法"即世界万有，"虚妄心"指第七识或前六识与第七识的总合。八个名称总起来是说，阿梨耶识既是出世间真法，又是虚妄法的主体、虚妄心的归宿。

《十地经论》中所说的"心"，有时指八识的总体，有时指前七识或第七识，有时则特指第八阿梨耶识。例如，《十地经论》的经文中说："诸凡夫心堕邪见，为无明痴暗蔽其意识，……随顺欲漏、有漏、无明漏，相续起心意识种子。"这里既然说"心堕邪见"，那么，未堕邪见、未被无明蒙蔽的心则应是真实清净的阿梨耶识，而堕入邪见的凡夫之心，便是阿梨耶识与前七识的总合。其中所说的"心意识种子",则是指前六识和第七识,所以《论》中又称之为"心意识种子邪见"。

《十地经论》又说:"如是佛子,菩萨住此不动地,一切心意识等不行。"③这是说,菩萨修行至于不动地,"心意识"便停止活动,不起作用了。"菩萨尽者,法身离心意识,惟智依止。"④这是说,菩萨修行到最高位时,法身便摆脱了"心意识",从而转识成智。这些论述表明,"心意识"或"心意识种子"是指的妄心或妄识,即前七识,这样以八识说对"心"进行分析解剖,说明"心"包括各种感觉、各种心理活动和思维活动,并且层层深入,以至于确立一切物质现象和精神现象的最后本源为阿梨耶识。

但是,在《十地经论》中,"三界唯心"之"心",十二因缘分所依止之"心",应当是特指阿梨耶识。《十地经论》的经文在论述十二因缘时说:"于三界地复有芽生,所谓名色共生不离。"世亲之《论》把"名色共生"发挥为"名色共阿梨耶识生",明确地引入了"阿梨耶识"这个重要概念,从而使"三界唯心"的观点进一步深化为阿梨耶识真心缘起的理论。

所以,法藏在《华严经探玄记》卷十三里解说经文中"随事贪欲共心生"时,便认为这是指"贪欲共阿赖耶识(阿梨耶识)"同时生起。法藏在《华严一乘教义分齐章》中又明确指出："如《十地经》云：三界虚妄，唯一心作。……《十地论》约终释教，为第一义真心也。"⑤这就是说，作为虚妄三界终极本源的"心"，即是阿赖耶识，这阿赖耶识是第一义真心。

当然，地论师南北二道对阿梨耶识真妄问题有不同的看法，南道以阿梨耶识为真常净识，视同真如、法性；北道则以阿梨耶识为染识、为妄识。但是南道派的观点是地论师的主流，大概也比较符合《十地经论》的原意。《十地经论》卷十有言："复住报行成者，善住阿梨耶识真如法中。"⑥可见阿梨耶识即为真如、法性。这就是说，"三界唯心"就其根本源头上说，也可以称为"三界唯识"，虚妄的三界唯依阿梨耶识而生起、而存在、而衰灭、而流转。

慧远在《大乘义章》卷三论述诸识的体性时说："如《起信论》说：一心真如门，是心体性；二心生灭门，是其心相。就真论体，论体常寂，平等一味，名心真如。……据妄摄真，真与妄合，缘集起尽，名心生灭。"接下去，慧远便论及第八阿梨耶识，他说："第八真识，体如一味，妙出情妄，故说为真。又复随缘种种故异变，体无失坏，故名为真。如一味药，流出异味而体无异。"⑦这是说，阿梨耶识纯净无杂，真实无妄，同时又随缘变化，不失其体性。这种情况，与《大乘起信论》所说的"一心开二门"的确很相似。

《起信论》有云:"依一心法,有二种门。云何为二?一者心真如门;二者心生灭门。是二种门皆各总摄一切法,此义云何?以是二门不相离故。"[8]这里所说的"一心法",与《十地经论》中所说"一心"含义大致相同,"心真如门"相当于阿梨耶识体性,"心生灭门"则相当于阿梨耶识随缘变化,与名色"迭互相依""不相舍离"。

阿梨耶识既是世间杂染的本源,又是出世解脱的根据。凡夫之心被无明蒙蔽,愚痴颠倒,执着自身为实我,执着外物为我所有,这样贪着于我,常求有无,常生烦恼,便不能求得解脱。所以《十地经论》说"凡夫如是愚痴颠倒,常应于阿梨耶识及阿陀那识中求解脱",而不应"于余处我、我所中求解脱"。"于阿梨耶识及阿陀那识中求解脱",意思是说于梨耶缘起法中领悟"三界虚妄,但是一心作"的道理,用识境以治我境,从而达到解脱的境界。

《十地经论》还说,解脱有三种法门,这就叫"三解脱门"。一是空解脱门。见众生无我,见法无我,知人、法二我之体空无自性,二我之作用亦空。则于诸法而得自在;二是无相解脱门。观十二因缘自性寂灭,由此通达诸法无相的道理,即离差别相而得自在;三是无愿解脱门。既悟诸法性空、诸法无相，便于三界无所愿求，唯以大悲为首，教化众生。

这"三解脱门"的关键所在，仍然是证悟"三界唯心"，如实知十二因缘分"依止一心"，懂得阿梨耶识缘起的真理，从而便能超脱世俗烦恼，达到上求佛道、下化众生的目的，最后进入佛的境地。这样一来，《十地经论》便又从阿梨耶识缘起的心性本体论转向了解脱论。

总而言之，《十地经论》的基本精神在于，以"三界唯心"的观点和阿梨耶识缘起的理论为根据，论证十地修行的必要性和可能性，以通过修行而得解脱为最终目标。

《十地经论》中的"三界唯心"论和阿梨耶识缘起说所关涉的问题相当多，而其中最值得重视的理论，是建立在本体基础上的心性论。佛教的心性论，就其主要意义而言，实际上就是人性论。这种心性理论，特别重视对人的意识结构进行分析，从而强调人性的自觉、修养的重要、意识的改进、心灵的转依、精神境界的提高，这深化了中国传统的心性理论，促进中国的心性理论发展到更高的层次。

中国佛教有关心性问题的讨论，开始于东晋名僧竺道生，他在《大般涅槃经》未传译之前，就提出人人皆有佛性，一阐提人亦得成佛，在佛教界引起震动。不久,《大般涅槃经》译出,证明道生的主张有经典依据。佛性论更引起普遍关注,从南北朝到隋唐,佛性问题成为佛教的中心问题,地论师北道以阿梨耶识为染,因而主张佛性当有(通过修习,将来应当成佛);南道派以第八阿梨耶识为净、为真如,因而主张佛性现有(现世即可成佛)。

摄论宗以阿梨耶识为染,更在第八识之上立第九阿摩罗识以阿摩罗识为清净真如。摄论师对阿梨耶识的看法,形式上同于地论北道,而其实际的心性论理路则同于南道,因为不管是以阿梨耶识为清净真如还是以阿摩罗识为清净真如,其基本的缘起理论是一致的。

隋吉藏大师试图调和佛性论上的当(始)、现(本)两争,提出佛性有二种:一是"理性",二是"行"性。就"理"而言是"本有",就"行"而论是"始有"。中国禅宗初祖菩提达磨的"二入四行"论,也讲"理入"、"行入"。天台宗主张止观并重,"止"相当于"行","观"相当于"理"。唐玄奘综合地论、摄论之说,主张阿梨耶识为"染净依",其中既含有漏种子,又含无漏种子,是人性和佛性、世间和出世间的最高本体,似是较好地统一了地论师以来心性问题上的染净、本始、当现之争。

其实,中国在先秦时期,就开始注意对心性论的研究，这集中体现在儒家的人性论中。儒家关心政治、关心现实社会，以修身、齐家、治国、平天下为理想。他们对于人性的思考，是与他们的理想密切联系着的。孟子最早较系统地论说人性问题，他的出发点是：人同禽兽不一样，人有道德意识，懂得人伦，这是人比动物优越的地方。后来的儒家学者也多持此种立场。所以，孟子特别反对告子以"食色"为性、"生之谓性"一类的主张，在他看来，如果以人的生理情欲等自然属性为人的本质属性，那就与禽兽没有什么不同了。

孟子从而提出性善说，认为人生而有"四心"，就是恻隐之心、羞恶之心、恭敬之心、是非之心。这"四心"是仁、义、礼、智的发端，因此又叫"四端"。人只要顺着自己的本性加以修养，不断使"四端"得到扩充，就可以"尽心、知性、知天"而成为圣人。荀子则主张性恶论，以人的本能的生理要求和心理活动为性，这与告子的说法有些相似，但有关人性的内容，比告子之说更充实了。荀子的意思是，如果顺从人的本能的情欲而不加约束，必然会导致不道德的行为，所以说人性恶。自先秦至隋唐，又有"善恶混""性三品"等各种人性理论提出，但都是以孟、荀的人性论为基础的。

儒家人性论的核心问题是道德意义上的善恶问题，或主张人性本善，或主张人性本恶，或主张人性有善有恶，都是以道德规范作为评判善恶的标准。另外，在隋唐之前，儒家人性论只讨论人性是善是恶，还没有追究善恶之"所以然"，没有探讨善恶的本源问题。有关善恶本源问题的探讨，是在佛教的心性论中首先展开的。

佛教的心性论与儒家的人性论有所不同，其分析对象是众生，而不仅仅是人。佛教心性论的最高范畴是"真妄"问题，而不是道德意义上的善恶问题，"善恶"被置于从属于"真妄"的层次上，从而把善与真统一起来。《十地经论》对意识进行了多层次、多方面的具体分析，把阿梨耶识作为物质世界和精神世界的本源。地论师进而围绕阿梨耶识真妄问题展开持久的讨论，奠定了心性论的本体论基础。到隋唐时期，建立在本体论基础上的佛教心性论，经天台、华严、唯识、禅诸宗的发挥和发展，进一步得到了完善。佛教心性论的完善，对儒家心性论产生了重大影响，并促成了宋明性理学的诞生。

宋明性理学家各派对心性问题均有较多的论述，并且都与其本体论观点直接结合起来，这与先秦儒学有明显不同，而与佛教心性论却有很大关联。例如，张载、二程、朱熹都把人性区别为"天地之性"（又称天命之性、本然之性）和"气质之性"（又称气禀之性），这固然包含着对儒家传统的性善论的继承，但是，先秦儒家的心性论没有出现过这类的区分。从其思维方式来看，这与地论师以来的阿梨耶缘起思想、真如缘起思想、如来藏思想都有一致之处。

朱熹更认天地之性为理，认气质之性为理与气合。这种以理为最高本体的理学人性论，颇似《大乘起信论》中的"一心开二门"，"一心"相当于朱熹所说天地之性与气质之性的"性"，"心真如门"相当于朱熹所说的"理"，真如随缘的"心生灭门"则相当于朱熹所说的"理与气合"。

更值得注意的是，佛教心性论对宋明心学一派的影响。心学由明代王阳明集其大成，他从孟子的良知说出发，合心理、一天人，完成了儒家天人观从外在超越向内在心性本体的根本转变。他所主张的心即理、心外无理、心外无事。与《十地经论》中"三界唯心"等观点有共同之处。他以良知为"心之本体"，认为这个本体"原是精精明明的"，"原是完完全全的"，"随他发用流行处，当下具足，更无去来，不须假借。"[9]这很像是佛教对阿梨耶识、对真如的描述。

如果打个方便的比喻，孟子的性善论就如同"人人皆有佛性"；而王阳明从良知说出发的"满街都是圣人"观，又如同"即身成佛论"。王阳明著名的"四句教"："无善无恶是心之体，有善有恶是意之动，知善知恶是良知,为善去恶是格物。"⑩把无善无恶置于心性的最高位,放在有善有恶的"意"之上,这显然是受了佛教把"真妄"置于"善恶"之上的影响。

心性论,不论是佛家的还是儒家的,不论是哲学的还是宗教的,也不论是东方的还是西方的,其旨趣都在于探讨人的内在问题,在于揭示人的内心世界的奥秘,从而确定人生的价值取向。人的内在问题可以有多种层次,有心理问题,有精神问题,有意识问题,有潜意识问题,还有心性本体问题。佛教的心性论具有多层次、融摄性与深切性的特点,《十地经论》的心性论就体现了这些特点。

《十地经论》以及地论师们对于人的内心世界,从静态和动态两个方面进行了剖析,他们提出的"三界唯心"的命题,是从宇宙论转向心性论的根本命题。对于"三界唯心"的"心",他们一方面静态地分解为八识,并着重对第七识和第八识进行考察,确定第八阿梨耶识为一切心意识的最高本体;另一方面又动态地追寻十二因缘的形成过程,说明十二因缘分对"心"的依存关系,建立起阿梨耶识缘起的理论。

这样即动即静、纵横交错的论证方法,这种有层次、有顺序地融摄心理问题、精神问题等多方面内在问题为一体的庞大结构,这种对心性本体的深入探索,恐怕不只是先秦儒家的心性论有所不及，即便是现代的心性论，大概也有从中吸取营养的必要。宋明理学家们曾经做过的工作，今人似乎应当更自觉地去做，以完善现代人的心性文明。

《十地经论》和其他许多佛教经论一样，主张"无我"，反对"着我"，这意思并不是否定个人的存在及其价值，也不是否定人生的追求和理想，包括对科学知识的追求和治理社会、完善道德等理想，而只是从心灵解脱的实践的角度，劝导人们克服"我执"，站在最高的境界上排除各种烦恼，从而得到精神的净化，养成真实完美的人格。如果这样，佛教的心性论就不但同我们的日常经验和生活目标并无违悖，而且包含着极有积极意义的人生哲理。这正如禅家所说："平常心是道。"

注释：

①《大乘义章》卷三，隋·慧远，《大正藏》第四十四册，第五百二十四页。

②《大乘义章》卷三，隋·慧远，《大正藏》第四十四册，第五百二十四——五百二十五页。

③《十地经论》卷十，《大正藏》第二十六册，第一百七十九——一百八十页。

④《十地经论》卷一,《大正藏》第二十六册,第一百二十五页。

⑤《华严一乘教义分齐章》卷二,唐·法藏,《大正藏》第四十五册,第四百八十五页。

⑥《大正藏》第二十六册,第一百八十页。

⑦《大正藏》第四十四册,第五百二十五页。

⑧《大正藏》第三十二册,第五百七十六页。

⑨《阳明全书》卷二,《四部备要》本第三十四页。

⑩《阳明全书》卷三,《四部备要》本第三十一页。

出版后记

星云大师说："我童年出家的栖霞寺里面，有一座庄严的藏经楼，楼上收藏佛经，楼下是法堂，平常如同圣地一般，戒备森严，不准亲近一步。后来好不容易有机缘进到藏经楼，见到那些经书，大都是木刻本，既没有分段也没有标点，有如天书，当然我是看不懂的。"大师忧心《大藏经》卷帙浩繁，又藏于深山宝刹，平常百姓只能望藏兴叹；藏海无边，文辞古朴，亦让人望文却步。在大师倡导主持下，集合两岸近百位学者，经五年之努力，终于编修了这部多层次、多角度、全面反映佛教文化的白话精华大藏经——《中国佛教经典宝藏》，将佛教深睿的奥义妙法通俗地再现今世，为现代人提供学佛求法的方便途径。

完整地引进《中国佛教经典宝藏》是我们的夙愿，

三年来，我们组织了简体字版的编审委员会，编订了详细精当的《编辑手册》，吸收了近二十年来佛学研究的新成果，对整套丛书重新编审编校。需要说明的是此次出版将丛书名更改为《中国佛学经典宝藏》。

佛曰：一旦起心动念，也就有了因果。三年的不懈努力，终于功德圆满。一百三十二册，精校精勘，美轮美奂。翰墨书香，融入经藏智慧；典雅庄严，裹沁着玄妙法门。我们相信，大师与经藏的智慧一定能普应于世，济助众生。

东方出版社

图书在版编目（CIP）数据

十地经论／魏常海 释译．—北京：东方出版社，2020.2
（中国佛学经典宝藏）
ISBN 978-7-5060-8623-3

Ⅰ.①十… Ⅱ.①魏… Ⅲ.①乘—佛经—注释②大乘—佛经—译文 Ⅳ.① B942.1

中国版本图书馆 CIP 数据核字（2015）第 289485 号

本书中文简体字版权由上海大觉文化传播有限公司独家授权出版
中文简体字版专有权属东方出版社

十地经论
（SHIDIJING LUN）

释 译 者：	魏常海
责任编辑：	王梦楠
出　　版：	东方出版社
发　　行：	人民东方出版传媒有限公司
地　　址：	北京市朝阳区西坝河北里 51 号
邮　　编：	100028
印　　刷：	北京大兴县新魏印刷厂
版　　次：	2020 年 2 月第 1 版
印　　次：	2020 年 2 月第 1 次印刷
开　　本：	880 毫米 ×1230 毫米　1/32
印　　张：	8.5
字　　数：	144 千字
书　　号：	ISBN 978-7-5060-8623-3
定　　价：	50.00 元

发行电话：（010）85924663　85924644　85924641

版权所有，违者必究

如有印装质量问题，我社负责调换，请拨打电话：（010）85924602　85924603